Les lettres d'Alep

Nabil ANTAKI et Georges SABÉ

Les lettres d'Alep

Contact

Les Maristes Bleus
Alep-Syrie
Facebook : Maristes Alep
E-Mail : nabilantaki@hotmail.com
frgsabe@hotmail.com

5-7, rue de l'École-Polytechnique, 75005 Paris

http://www.editions-harmattan.fr

ISBN : 978-2-343-14130-5
EAN : 9782343141305

À Leyla,
Le cœur de notre trio depuis le début.

Avant-propos

Ce livre n'est pas un ouvrage politique, ni une chronique de ce qui se passe en Syrie. La guerre atroce qui s'y déroule a déjà fait, en sept ans, plus de 350 000 morts, 500 000 blessés, un million d'exilés, quatre millions de réfugiés dans les pays limitrophes et huit millions de déplacés internes qui n'habitent plus leur domicile. Elle a démoli l'infrastructure du pays, ruiné l'économie, détruit un patrimoine archéologique unique au monde, poussé l'élite à l'exil, volé l'enfance des petits et l'avenir de plusieurs générations de Syriens.

Pourtant, ce livre ne prend pas position, ne raconte pas les faits militaires, ne juge pas les parties, ne rentre pas dans les négociations et ne prédit pas l'avenir. Il est tout simplement la compilation de lettres écrites par deux témoins syriens, l'un religieux, l'autre médecin, qui ont vécu la guerre dans leur ville, Alep. Ils racontent, dans ces lettres, les souffrances des déplacés, la misère des pauvres, la détresse des habitants et l'atrocité de la guerre ; et ils décrivent aussi leur réponse à ces drames par l'accompagnement, la solidarité, la compassion et le don de soi à travers leur association, les « Maristes Bleus ».

Ce livre se veut être un témoignage de Solidarité, un acte de Foi, un message d'Espérance et un hymne d'Amour.

Prologue

Il fait très chaud à Alep ce lundi 23 juillet 2012. Comme tous les jours, nous quittons nos domiciles vers 9 heures du matin pour aller à notre local au quartier de Cheikh Maksoud situé sur une colline à la périphérie nord de la ville. Des familles chrétiennes, qui étaient venues s'installer là il y a une cinquantaine d'années, ont changé son nom et l'ont baptisé Jabal Al-Saydé, ou la colline de Notre-Dame. C'est le quartier le plus pauvre d'Alep.

Dans notre local, nous avons regroupé l'ensemble de nos activités pédagogiques à l'intention de ces familles que nous secourons.

Ce jour-là, en allant à Jabal Al-Saydé, nous voyons des colonnes de fumée monter vers le ciel et croisons des dizaines de milliers de personnes portant des baluchons et errant dans les rues, à la recherche d'un abri.

Certaines se sont installées dans les jardins publics, mais la majorité a forcé les portes des centaines d'écoles publiques qui étaient fermées à cause des vacances d'été et s'y sont installées. En quelques jours, 500 000 personnes ont quitté leur domicile situé dans les quartiers est et sud d'Alep et sont devenues des déplacées. Elles le sont toujours. Les quartiers qu'elles habitaient ont été pris par les rebelles et sont le théâtre de violents combats.

À Jabal Al-Saydé, il y a 4 écoles publiques où se sont entassées environ 300 familles. Démunies de tout, logeant dans des écoles sans eau, ni électricité ni sanitaires, elles n'ont ni matelas pour dormir, ni nourriture pour survivre.

Impossible de rester indifférents ! Sans hésiter, notre groupe décide de les prendre en charge.

Avec une trentaine de bénévoles, nous nous rendons dans ces 4 écoles et tentons de remédier au plus urgent. Les jours suivants, pour nous identifier, nous portons tous des T-shirts bleus. À notre arrivée, les déplacés crient : Les Bleus sont arrivés !

Ce jour-là, notre groupe prend pour nom les « Maristes Bleus » (bleus pour la couleur des T-shirts et Maristes parce que, religieux consacrés et personnes laïques, nous partageons le charisme, les vertus, les valeurs et la spiritualité des « Frères Maristes »[1]).

Mais notre histoire ne commence pas ce jour-là. Elle a débuté il y a bien plus longtemps.

*****

C'était en 1986, en avril plus précisément. Frère Georges SABÉ, un Frère Mariste alépin découvre, en raccompagnant la cuisinière du couvent chez elle, qu'elle habite un bidonville. « Le camp des Arméniens » se trouvait en pleine ville d'Alep, mais peu de gens connaissaient son existence parce qu'il était entouré de murs assez hauts pour ne pas être vu de l'extérieur.

Des Arméniens, fuyant le génocide en 1915, s'étaient donc installés dans des baraques de fortune sur ce terrain. Au fil des ans, ayant travaillé dur, ils ont pu le quitter pour s'installer dans des immeubles convenables. Ainsi, au fil des années, des familles pauvres s'y succédaient.

[1] Les « Frères Maristes », voir Annexe à la fin du livre.

Frère Georges, avec lequel mon épouse Leyla et moi entretenons une relation assez profonde et travaillons ensemble dans le domaine du scoutisme et de l'éducation des jeunes, nous a fait part de sa découverte. Surpris, nous avons été voir et nous avons découvert la misère. Nous avons trouvé là 100 familles, souvent nombreuses, habitant chacune une baraque en tôle de 4 m x 4 m. Il n'y avait que deux robinets d'eau et deux sanitaires pour tout le bidonville. De plus, elles venaient de recevoir un avis d'expulsion de la municipalité qui voulait agrandir la cour de récréation d'une école publique avoisinante ; avis d'expulsion sans dédommagement puisque le camp était installé illégalement sur un terrain municipal. Les bulldozers étaient là, prêts à démolir le camp.

Devant la catastrophe qui guettait ces familles, nous ne pouvions pas rester de simples spectateurs de ce drame humain. Dans l'urgence, nous avons relevé le défi et tenté de leur trouver un logement décent.

Grâce à la générosité de nombreux donateurs, nous avons commencé à acheter de petits appartements où nous logions les familles en prenant soin d'inscrire, au registre foncier, l'appartement en leur nom. Elles devenaient ainsi propriétaires, pour la première fois de leur vie, elles qui n'avaient jamais rien possédé que leur misère.

Pour nom, nous avons choisi les initiales L.B.

Chez ces familles, nous avons découvert la pauvreté extrême, matérielle et le plus souvent mentale. Il fallait les aider à se mettre debout, sur pied. Avec des dizaines de jeunes bénévoles, nous les avons accompagnées pour leur apporter une aide psychologique, leur trouver un emploi, soutenir leurs enfants dans leurs études et surtout, être présents à leurs côtés. Au fil des ans, le nombre de familles accompagnées a dépassé le nombre des habitants du camp des Arméniens. Elles sont devenues des centaines, toutes des pauvres parmi les plus pauvres d'Alep.

En 1995, L.B. a été rebaptisé en « L'Oreille de Dieu ».

C'est ainsi qu'avec Margot, frère Hakim et des centaines de jeunes adultes, nous avons poursuivi durant vingt-six ans, jusqu'en 2012, notre action de solidarité et caritative pour secourir les plus démunis d'Alep. Mais celle-là est une autre histoire. Nous la raconterons peut-être un jour.

*****

Le 15 mars 2011, les « évènements » commencent en Syrie. Au début, Alep fut relativement épargnée. La vie continuait normalement, quoique la guerre s'approchât rapidement, atteignant la campagne autour de la ville. Puis, des voitures piégées, des incursions momentanées des rebelles en ville, des escarmouches armées dans les quartiers périphériques signifiaient que les évènements allaient se précipiter chez nous.

Et arrive le 23 juillet 2012, date de l'invasion et de la prise des quartiers est et sud d'Alep par les rebelles. En quelques jours, 500 000 personnes se déplacent vers la partie tenue par le gouvernement. C'est à ce moment que notre groupe « L'Oreille de Dieu » se métamorphosa en les « Maristes Bleus ».

Nous étions en contact permanent avec une amie française très chère, Françoise Parmentier[2] qui téléphonait tous les jours pour prendre de nos nouvelles.

---

[2] En tant que bénévole, Françoise Parmentier a été vice-présidente des Guides de France et des Scouts et Guides de France, responsable du Moyen-Orient à la CICG (Conférence internationale catholique du

Très vite, elle décide de lancer un appel à travers son carnet d'adresses pour une campagne de dons en notre faveur. Françoise nous suggère d'écrire une lettre pour expliquer la situation aux donateurs potentiels. C'est ainsi que fut écrite la 1re lettre d'Alep.

D'autres l'ont suivie d'une façon irrégulière jusqu'à ce que nous décidions de les écrire une fois tous les trois mois, alternativement, frère Georges et moi. Dès le début, la diffusion de nos *Lettres d'Alep* a été fulgurante. Elles sont traduites en anglais, espagnol, italien, portugais et allemand et touchent des dizaines de milliers de personnes. Elles tissent une toile d'amitié internationale autour des « Maristes Bleus ».

Beaucoup d'amis, de journalistes et même des écrivains et des maisons d'édition nous ont suggéré de les publier mais nous avions jugé, à l'époque, que c'était prématuré.

Maintenant que les combats ont cessé à Alep, nous pensons le moment venu de les colliger et de les publier. Nous les éditons telles quelles, sans aucune modification.

*****

Nous racontons dans nos lettres les drames que nous avons vécus à travers les nombreuses personnes de nos proches qui ont été tuées, blessées, amputées ou disparues ; la misère et la souffrance des familles déplacées que nous avons secourues et qu'il fallait loger, nourrir, vêtir et soigner ; la situation des enfants dont nous avions la charge et dont l'enfance a été volée par la guerre ; le problème de

---

guidisme), puis présidente de la CICG, fondatrice de l'association « Jean Debruynne – *En blanc dans le texte* », est active en tant que présidente d'honneur de Confrontations (association d'intellectuels chrétiens), metteur en scène et grande amie de la Syrie et des Syriens.

l'émigration de milliers de nos concitoyens qui ont vu leurs rêves balayés et qui sont partis assurer leur avenir sous des cieux plus cléments.

Nous décrivons aussi des témoignages exceptionnels de solidarité dont nous avons été les témoins, les trésors de générosité que nous avons découverts et la remarquable résilience des habitants d'Alep.

Nous rapportons aussi notre réponse à cette tragique guerre par les actions et les projets entrepris avec notre association les « Maristes Bleus », qui est une association de solidarité et non de charité, basée sur l'établissement d'une relation humaine avec la personne aidée, sur le respect de sa dignité, bafouée par la guerre et la misère, sur l'accompagnement et l'écoute. Notre devise est « Semer l'Espérance ».

Notre programme se résume en une phrase : « Nous vivons la solidarité avec les plus démunis pour soulager les souffrances, développer l'humain et semer l'Espérance ». Pour nous, la solidarité est notre façon de vivre la charité et l'amour.

Nous avons estimé utile d'ajouter quelques extraits d'interviews que nous avons données et quelques textes et notes parmi les dizaines que nous avons écrits afin d'éclairer certains aspects de la situation.

Nous publions *Les Lettres d'Alep* comme un témoignage vivant de ce que nous vivons depuis plus de cinq ans, et pour, aussi, rendre hommage aux dizaines de bénévoles qui collaborent avec nous et à tous ceux et celles parmi nos proches, qui ont été victimes de cette guerre.

Nabil ANTAKI.

Lettre d'Alep n° 1 (26 juillet 2012) par frère Georges Sabé

Il est 23 h 00 du jeudi 26 juillet 2012. Ici à Alep, il a fait, durant la journée, plus de 40°. De loin, j'entends les tirs. Je suis dans ma chambre, en communauté. Les frères Georges Hakim et Bahjat Azrié sont là aussi. En fait, nous sommes rentrés ensemble vers 21 heures après une journée inoubliable pour les « Maristes Bleus ».

Si vous voyez nos photos, vous verrez des jeunes et des moins jeunes en T-shirt bleu. Vous vous rappelez comment les gens appelaient les premiers petits frères de Marie ?

Eh bien, nous avons voulu mettre cette campagne de solidarité sous le thème du « Mariste Bleu ».

Alep, notre ville, deuxième ville du pays, capitale économique, grand centre de commerce et d'artisanat, est en train de mourir. Elle est asphyxiée depuis plus d'une semaine. La guerre est en train de s'étendre dans les quartiers. Les gens fuient, se réfugient, errent, s'installent dans la rue, dans les jardins publics, dans les écoles, partout. Les habitants reçoivent leurs parents, les maisons sont ouvertes… Le pain manque, l'électricité manque, l'essence manque, le lait manque, les médicaments manquent, le seul qui ne manque pas, c'est le fantôme de la guerre. Il rôde, il est partout. Une odeur nauséabonde monte des rues…

La ville est encerclée de tous côtés. On risque d'être enlevé et tué. Les gens ont peur… Une peur qui déprime, qui paralyse, qui tue…

Alors, la question s'est posée : Que faisons-nous ? Fuir comme tant de familles l'ont fait ? Rester sur place, paralysés ? Agir ? Que faire ?

En un premier temps, nous avons choisi de continuer toutes nos activités. Nous avions lancé des projets de colonies de vacances et des activités éducatives… Mais tout doucement, nous avons réalisé que le danger était énorme, et qu'il fallait arrêter. Ce fut la décision de mardi passé : « Arrêtons nos activités ».

Mais arrêter nos activités ne veut en rien dire arrêter notre mission, c'est plutôt chercher ensemble, laïcs et frères, quelle réponse donner aux urgences. L'appel du dernier chapitre général nous pressait à sortir vers les personnes déplacées. Dans le quartier de Jabal Al-Saydé, quartier où nous travaillons depuis plus de vingt-cinq ans auprès des plus pauvres, nous avons trouvé des gens encore plus pauvres… les déplacés !

Vers eux, nous avons couru, vers les enfants, vers les femmes et les hommes… Les jeunes ont répondu généreusement.

Et c'est là que nous avons passé notre première journée.

Ils nous ont accueillis, les enfants sont sortis des trous où ils étaient cachés. Une foule… une masse. Un ballon les a animés… Ils ont joué, dansé, chanté… chacun d'eux est une histoire, une histoire sacrée qui se révélait à nous. Une petite qui partage sa douleur d'être orpheline… Un garçon qui offre dès le premier instant un crayon à un animateur : « *Habaytak* », lui lance-t-il (Je t'ai aimé)… Une fille se transformera tout doucement grâce à une main qui ne l'a pas lâchée… Elle ose retirer ses mains qui bouchaient ses oreilles. Elle joue à la corde, elle sourit… Le « Cheikh » (imam) vient nous remercier… Quelqu'un demande : « Vous êtes chrétiens ? » Un vieux vient vers moi pour m'embrasser et me dire : « *Choukran* ». Je ne le connais pas, je ne sais pas son nom, je ne sais pas pourquoi il m'a remercié, mais quand même, le geste est posé, un pacte d'amour et de confiance est signé… Les dames écoutent les femmes. Quelle dignité ! On ne se plaint pas. On remercie « Allah ». Mais quel Évangile vivant sommes-nous en train de vivre !?

Une question est souvent posée : « Vous allez partir, est-ce que vous allez revenir ? » Et une confiance s'établit. Les enfants nous accompagnent à midi, quand nous les quittons. Ils chantent autour de nous comme pour nous dire : « Restez, nous vous aimons » ! Et à 17 heures, quand nous revenons, ils sont déjà là, et la fête reprend, la danse, le jeu, le sourire, le bonheur !! Mais les besoins pressent, besoins les plus élémentaires. En ce mois de Ramadan, mois du jeûne pour nos frères musulmans, les besoins sont énormes : pédiatre, médecin, médicaments, lait, couches, serviettes hygiéniques, savon, détergent, matelas, habits, nourriture…

Ils sont répartis dans 2 écoles, 900 personnes entassées. Le flux ne cesse de grandir. Des familles – 2 000 personnes – sont installées dans le jardin public. Elles subissent la chaleur mais ne veulent pas être casées. Peut-être, rêvent-elles de se réveiller le matin pour rentrer chez elles ?… Et pourtant, ce rêve paraît aujourd'hui lointain, sans aucun espoir d'être réalisé prochainement, si un chez-eux existe encore…

Et ceux-là sont une goutte dans une mer de déplacés, de sans-logis, de laissés de côté… Mais pour nous, ils sont des noms : Zeinab, Moustapha, Ali, etc.

Ils sont un visage, ils sont une histoire, ils sont un regard, ils sont un poème…

Pour eux et à cause d'eux, nous risquons…

Oui, nous risquons nos vies. Certains jeunes n'ont pas l'aval de leurs parents. Certains bénévoles ont organisé leur foyer pour oser un geste ! Tous, nous savons le grand risque de travailler quand les armes ne se taisent pas.

Mais un seul sourire d'un enfant n'est-il pas suffisant pour faire tomber toutes nos craintes ?

Et si demain…
Texte de frère Georges Sabé (2 août 2012)

Et si demain jeudi 2 août 2012, je me réveille pour entendre les rafales tout près de moi, dans mon chez-moi, que ferai-je ?

Prendrais-je moi aussi ma carte d'identité, le peu d'argent qui me reste et partirais-je… ?

Partir, où, quand, comment, que prendre et que laisser ? Qui prendre et qui laisser ?

Adieu, mes amis ! Adieu, ma famille ! Adieu, ma terre ! Adieu, ma rue ! Adieu, mon chez-moi ! Adieu, mon chez-nous !…

Plus rien ne sera mon chez-moi, je ne serai plus qu'un chiffre en plus sur les registres de ceux qui m'apporteront à manger, feront jouer mes enfants, m'abriteront, s'occuperont de ma maladie…

J'augmenterai le nombre de ces déplacés, de ces gens qui sont ailleurs même s'ils sont chez eux.

On viendra me recenser : On viendra pour savoir quel âge j'ai ; quel âge a ma femme, ont mes enfants ; si je suis marié ou divorcé…

Ils auront droit de vie et de mort sur moi. Mon intimité leur appartiendra…

Les médias parleront de notre catégorie, ils nous emploieront comme un jouet, comme un mauvais signe, comme une denrée à consommer très vite, car bientôt, d'autres victimes seront leurs stars…

Peu importe ce que je sens ; eux, ils ont besoin de faire de moi un reportage, une histoire, un PPT, un documentaire. Ils veulent rafler le prix de la meilleure photo de l'année… Eux, ils seront reporters du monde et moi, je resterai le numéro un tel, de la chambre une telle, de l'étage un tel, de l'école une telle, du quartier un tel, de la ville une telle, du pays un tel…

Moi, je ne serais plus moi, je n'aurais pas le droit d'être, le seul droit que j'aurais est celui de survivre, je ne dois même pas mourir, car je les embarrasserais avec ma dépouille, je serais l'augure d'une épidémie, le reflet d'un fantôme.

Heureusement pour eux que je sois, moi, le déplacé et qu'ils soient, eux, les installés… Ils me serviront, ils feront leur devoir humanitaire, même leur devoir religieux… Ils seront quittes avec leur conscience…

Heureusement pour eux que je sois moi le déplacé, car l'infime de leur surplus sera un don, une générosité…

Et moi, je continue à me questionner : Pourquoi moi ? Quelle faute ai-je commise ? Quel péché ? La vie est-elle une vraie errance ? On m'a appris au catéchisme que, sur cette terre, nous sommes en quête du ciel… mais quel ciel ? Et si le ciel était le reflet de la terre ?

Mes yeux se sont tus, ils ne parlent plus, ils ne sourient plus, ils ne pleurent plus. Plus aucune larme ; en tout cas, pourquoi pleurer, pourquoi rire, pourquoi parler avec ses yeux, pourquoi exprimer et s'exprimer ?… Mieux vaut être discret, ne pas se montrer ni montrer…

Et je suis vide, je suis vidé… Le matin, je me lève pour aller nulle part, pour planifier un rien, pour sortir sur place, pour rêver le néant, pour attendre l'instant qui est là…

Le jour passe, c'est le soleil qui me l'annonce, l'obscurité me dit le temps, la lune marque le jour, le jour passe, je ne sais plus si c'est hier ou demain, ils ne se ressemblent pas du tout, ils sont tous égaux…

Et je prie, je supplie, j'allume une bougie, je fais ma prière, je m'agenouille, je fais un sacrifice, je jeûne, je pardonne, j'invoque… Alors, Dieu est grand, Il est Tout-Puissant, sa volonté se fait sur la terre comme au ciel… Elle s'est faite sur moi, elle m'a déplacé, elle m'a arraché à mon installation, à mon bien-être, à mon ça va…

Al Hamdulillah, Grâce à Dieu, Grâce à Toi Dieu ou grâce à nous les hommes… Toi, Tu es Dieu et nous, nous sommes dieu, je me rappelais de Toi quand ma vie allait bien, et maintenant que je vague, j'erre, je marche sur le sable, Toi Tu me portes. Je suis lourd, ne T'en fais pas, je m'arrangerai pour marcher, malgré mon handicap, malgré tout, je continuerai l'errance.

Écoute, si je perds le nord, ne T'en fais pas, je serai au sud ou à l'est ou à l'ouest, peu importe ; en tout cas, la terre est ronde et elle tourne, je me laisserai prendre à son jeu, je ferai avec elle une course de vitesse, je jouerai avec elle à cache-cache…

Monsieur Untel, on vous attend, l'avion doit partir, il vous emmène vers un autre rivage, tu quitteras à l'instant même ton pays, tu quitteras ta maison, mais écoute, monsieur Untel, ce n'est pas toi… toi, tu n'es qu'un déplacé, un fuyant, un errant…

L'avion n'est pas pour toi, ni l'Olympiade, ni la vie…

L'avion partira et toi, tu resteras…

Bye, ciao, au revoir, *hasta luego*…

Ah bon, c'est à moi de vous dire : « *Ma3 el salamé* » (Partez avec la paix)…

Que la paix soit pour vous une fête, une danse, un chant…

Quant à moi, je continuerai à être le déplacé de la paix, le hors sujet, le non-sens…

Surtout, ne vous retournez pas, vous risquez d'être une statue de sel, le sel de ma sueur, de ma puanteur, de mon destin…

Adieu, mes amis ! Adieu, ma famille ! Adieu, mon pays !…

Cordialement vôtre.

Lettre d'Alep n° 2 (2 août 2012)
par Nabil ANTAKI

Depuis notre lettre du 26 juillet, la situation sur le terrain n'a guère évolué dans un sens ou dans l'autre ; les combats se poursuivent dans les mêmes quartiers périphériques d'Alep. Dans les autres quartiers de la ville, le son intermittent des bombes qui explosent au loin, le bruit des rafales de balles sous nos fenêtres et le danger de kidnapping ou d'assassinat mettent les nerfs à bout. Entre la pénurie d'essence et la situation sécuritaire, les rues sont vides, les boulangeries n'ont plus de farine, les ordures ne sont pas ramassées, le courant électrique et l'eau sont rationnés et chacun reste chez soi. Sauf les déplacés qui ont quitté leurs logements souvent très modestes, abandonnant leurs maigres possessions, fuyant les zones de combat et qui errent dans les rues à la recherche d'un abri. Les jardins publics et les écoles sont leurs refuges. Les autorités ont ouvert une trentaine d'écoles pour loger les déplacés, mais en leur fournissant seulement le toit et laissant le reste aux ONG.

Notre groupe, les « Maristes Bleus », est maintenant composé d'une cinquantaine de personnes, surtout des jeunes. Nous avons pris en charge 3 écoles contigües dans un quartier populaire d'Alep que les chrétiens alépins appellent « Jabal Al-Saydé » (la colline de Notre-Dame) et les musulmans Cheikh Maksoud. À peu près, 900 personnes y sont entassées, surtout des familles avec 4 à 8 enfants chacune, toutes musulmanes, syriennes certes mais d'ethnie différente : il y a des Arabes, des Turkmènes, des Kurdes et beaucoup de Kourbates (les Roms). Notre action se situe à plusieurs niveaux :

- D'abord, assurer le logement : matelas, serviettes, eau potable ;

- Puis la nourriture : le *Iftar* (puisque nous sommes en plein Ramadan) pour les adultes, et les 3 repas pour les jeunes ; le lait pour les nourrissons ;

- Ensuite, l'hygiène : installations sanitaires, propreté des lieux, des toilettes ;

- Puis la santé : nous avons ouvert une antenne médicale avec des jeunes médecins qui font un roulement pour soigner les malades et surtout leur fournir les médicaments gratuitement ;

- Il ne faut pas oublier que ces personnes ont quitté leur domicile avec les seuls habits qu'ils portaient sur eux. On essaie de leur fournir des vêtements surtout, pour les bébés et les enfants ;

- Enfin et surtout, nous nous occupons des enfants. Nous essayons de leur faire oublier la guerre et leur misère. Vingt-cinq jeunes « Maristes Bleus » se relaient matin et soir pour les faire jouer, les distraire et occuper le temps très long par des activités éducatives.

Tout ce que nous faisons ne vaudrait rien si notre équipe n'était pas animée par des valeurs communes : le respect de l'autre, le traiter en frère et non en bénéficiaire d'aide, l'humilité, les relations simples qui rendent à l'autre sa dignité, l'accompagnement des enfants et l'abandon de toute forme de paternalisme.

En retour, nous sommes payés par le sourire revenu sur le visage des enfants et par le regard fraternel des adultes. Nous sommes persuadés que les personnes disent de nous : « Regardez combien ils s'aiment et combien ils aiment », c'est pour nous le meilleur témoignage.

Lettre d'Alep n° 3 (10 août 2012)
par Nabil ANTAKI

Depuis notre lettre du 2 août, la situation militaire à Alep s'est dégradée ; les combats se sont intensifiés et se sont étendus à de nouveaux quartiers. La journée du mardi 7 août était la pire, avec une incursion des rebelles dans les quartiers d'Achrafiyé, Syriaque Jadida et Jala'a. La majorité des habitants de ces 2 derniers quartiers est chrétienne et ils ont eu une frousse énorme en voyant les rebelles armés, avec leurs bandeaux noirs sur le front, sous leurs balcons et ont eu peur d'être des cibles involontaires des ripostes de l'armée.

La vie quotidienne a encore empiré. Certes, le pain est de nouveau disponible dans les boulangeries, mais les coupures d'eau et d'électricité sont plus fréquentes et plus longues et l'essence quasi inexistante. Le prix de tous les produits a été multiplié par quatre ou cinq. L'essence (dans des bidons) au marché noir se vend à 250 £/litre (50 £ auparavant) et la bombonne de gaz (indispensable pour la cuisine) à 7 000 £ (500 £ auparavant). À noter que le salaire moyen mensuel d'un ouvrier ou d'un petit employé est d'environ 8 000 £ (un euro = 86 £). Les usines sont fermées, les commerces aussi, les gens n'ont plus de travail et les employés ne sont plus payés. Les gens non déplacés n'arrivent plus à survivre et le nombre de déplacés a augmenté. À part les jardins publics, il y a maintenant 90 écoles ouvertes pour les recevoir.

Deux faits ont marqué notre action depuis notre lettre du 2 août :

1- Nous avons pris en charge une 4e école (avec ses 250 réfugiés) dans le même quartier de Jabal Al-Saydé (Cheikh Maksoud). La directrice a fait appel à nous, ne pouvant, elle, leur offrir que les murs. Nous avons répondu à l'appel et, comme pour les autres déplacés des trois autres écoles, nous leur offrons les produits alimentaires et sanitaires, l'accompagnement des familles, surtout des enfants, et notre solidarité ;

2- Nous avons consacré une partie de nos ressources pour venir en aide à une centaine de familles non déplacées pour les aider à survivre. Nous connaissons ces familles depuis longtemps parce que nous les aidions dans le cadre de notre association « L'Oreille de Dieu » qui s'occupe depuis vingt-six ans des plus pauvres parmi les pauvres d'Alep. Leur situation est devenue catastrophique du fait de la guerre, les hommes ne travaillant plus et donc n'ayant plus de salaires.

Beaucoup de nos jeunes bénévoles ont quitté, avec leurs parents, pour se réfugier au Liban ou en Europe. Notre nombre se réduit alors que les besoins augmentent. Nous faisons ce que nous pouvons avec les moyens (humains et matériels) que nous avons. Jusqu'à présent, les gens d'Alep ont été assez généreux avec nous surtout les musulmans, pour qui une offrande faite durant le Ramadan équivaut au double dans le calcul divin des bonnes actions ; mais nous appréhendons le tarissement des ressources avec la fin du mois de Ramadan (nous sommes aujourd'hui le 20 du mois). C'est pourquoi les dons venus de l'extérieur sont très importants pour nous.

L'esprit qui anime notre groupe de bénévoles est extraordinaire, ils se donnent sans compter la fatigue et le danger potentiel. Dans notre situation dangereuse et précaire, nous gardons l'espoir de jours meilleurs et prions pour que les « multiples acteurs » de ce conflit aient la lucidité nécessaire pour arriver à une solution politique qui éviterait au pays plus de destruction et aux Syriens plus de souffrances et de morts.

Le cheikh
Texte de Nabil ANTAKI (1er septembre 2012)

Il est grand, costaud, dans la cinquantaine. Il porte toujours une djellaba en guise de vêtements et un pistolet à la ceinture. Il rayonne d'une autorité naturelle et d'un charisme évident. Tout le monde l'appelle le Cheikh, mais peu connaissent son nom. Il se considère comme le notable de Jabal Al-Saydé et les gens l'ont adoubé. On ne sait vraiment pas ce qu'il fait dans la vie, quelle est sa profession mais on sait que, quand il donne des ordres, tout le monde lui obéit.

Quand les familles des quartiers est se sont enfuies à l'arrivée des rebelles et sont venues se réfugier à Jabal Al-Saydé, c'était lui qui avait forcé les portes des écoles publiques, fermées en été, et permis aux déplacés de se réfugier dans les écoles. Il avait commencé à organiser le séjour avant que nous arrivions. Il avait aussi, déjà, ramassé les cartes d'identité et les carnets de famille quand nous arrivâmes dans les écoles. Nous avons tout de suite compris qu'il fallait compter sur lui.

Nous l'avons d'abord ménagé, puis nous nous sommes liés d'amitié. Ensemble, nous avons tout fait : l'assignation des salles de classe aux familles, la distribution des paniers alimentaires et sanitaires, le dispensaire et la distribution des médicaments.

Il est marié, a 11 enfants, vit modestement, porte des vêtements usés, ne connaît pas de langue étrangère et n'a pas de voiture. Il est toutefois le Cheikh. À midi, quand nous devons faire la cuisine à des centaines de personnes, sa femme prend la direction des affaires. Lui ne manque pas de retrousser sa djellaba, fixe la partie inférieure à sa ceinture d'où pointe son pistolet et commence à remuer le contenu de l'énorme casserole qui est mise sur un feu de bois. Et quand le repas est prêt, et qu'il faut le distribuer, il reste là à surveiller.

Quand un conflit éclate entre les familles, le Cheikh règle ça en un tour de main ; ses menaces ont quelque chose de magique, elles calment tout de suite les gens. Une fois, une bagarre a éclaté entre deux familles qui séjournaient dans la même salle de classe divisée en deux par un drap. Il est arrivé, n'a rien voulu entendre et, en un mot, a mis les deux familles dehors. Ce n'est que grâce à notre intervention qu'elles ont pu reprendre leur salle de classe. Depuis, elles sont les meilleures amies du monde.

Il y a quelques semaines, en raison d'une épidémie de poux, nous avons décidé de laver la tête, avec un shampoing anti-poux, de tous les enfants des familles déplacées qui sont dans les écoles de Jabal Al-Saydé, et ils sont des centaines. Le Cheikh a décrété que ce sera lui qui le ferait. Aidé par deux acolytes qui ne le quittent jamais, il a installé un grand réservoir au milieu de la cour, a retroussé, comme à son habitude, sa djellaba, et a donné le bain lui-même à tous les enfants.

Un personnage, hors du commun, extraordinaire ; nous ne savons pas ce qui le motive à prendre en charge les déplacés des écoles de Jabal Al-Saydé. Nous ne savons pas non plus ses opinions politiques et ce qu'il pense des évènements. Pour les gens et pour nous, il est le CHEIKH.

Lettre d'Alep n° 4 (11 septembre 2012)
par Nabil ANTAKI

Que vous dire de nouveau sur notre situation, sinon qu'elle se dégrade de jour en jour ! Les combats et les bombardements continuent jour et nuit et se sont étendus à de nouveaux quartiers de la ville jusqu'à maintenant épargnés. Les quartiers « sûrs » reçoivent aussi leur lot de balles perdues (on en ramasse quotidiennement sur nos balcons et trottoirs) et d'obus mal dirigés (entre autres, deux obus qui n'ont pas explosé : l'un sur le toit de l'Hôpital Saint Louis et l'autre dans la cour du couvent des « Frères Maristes » ; et deux obus qui ont cette fois explosé : l'un sur le parvis de l'Église Saint-Michel à Azizié en plein centre-ville et un autre sur une garderie d'enfants tenue par les Sœurs du perpétuel secours sans faire de victimes heureusement, le samedi étant un jour de congé). L'essence, le fioul et le pain sont quasi absents et les produits alimentaires (lait pour nourrissons ou pour enfants, conserves, etc.) sont difficiles à trouver et de plus en plus chers. L'eau a manqué totalement durant plusieurs jours dans certains quartiers de la ville (notamment à Jabal Al-Saydé, où se trouvent les déplacés dont nous nous occupons, du fait du bombardement de très grosses canalisations d'eau qui alimentent la ville ; nous avons dû acheter de l'eau par citerne pour remplir les réservoirs des écoles). La vie à Alep est devenue assez difficile et très dangereuse (des kidnappings quotidiens dont notamment quatre hommes (séparément) de nos familles dans le besoin et pour lesquelles nous avons dû payer des rançons ; trois ont été relâchés et le 4e en est à sa 2e semaine de captivité chez « les rebelles »). L'économie est entièrement paralysée ; les usines, les commerces et les différents bureaux de l'administration sont fermés. La plupart des médecins ont quitté le pays.

Le nombre de déplacés augmente et leurs besoins aussi. Nous continuons à prendre en charge 1 200 déplacés logés dans quatre écoles de Jabal Al-Saydé (Cheikh Maksoud). Nous leur fournissons le pain et deux repas par jour, les couches et le lait pour nourrissons, le savon et les produits pour laver le linge et nettoyer leurs chambres et les W-C. De jeunes médecins bénévoles voient entre 50 et 70 patients par jour et leur fournissent les médicaments disponibles gratuitement. Les jeunes de notre groupe les « Maristes Bleus » s'occupent des enfants, et les adultes accompagnent les mamans. Comme nous le prévoyions, les dons locaux se sont presque taris avec la fin du mois de Ramadan et le départ des gens aisés, donateurs potentiels, vers le Liban. Par contre, nos amis de l'extérieur continuent à manifester leur solidarité en nous soutenant matériellement.

Nous avons fait face à une « révolte » de familles chrétiennes non déplacées, vivant dans le même quartier que celles déplacées, et qui n'ont plus les moyens de survivre : de petits employés ou fonctionnaires, dont le salaire (avant les événements) suffisait tout juste à vivre « pauvrement », et qui n'ont plus le sou (parce qu'ils ne sont plus payés) pour acheter ne serait-ce que le pain, quand il est disponible. Nous avons pris l'initiative d'un nouveau projet « *Sallet el jabal* = Le Panier de la Montagne » qui consiste à fournir un panier (assez consistant pour nourrir une famille) d'aliments une fois par mois à 280 familles chrétiennes pour satisfaire leur faim, et ceci, en collaboration avec certains évêchés et Caritas Syrie. Nous avons distribué le premier panier avant-hier dimanche. Nous essayons dans la mesure de nos moyens de leur fournir un minimum (mais vraiment un minimum) vital pour survivre. Malheureusement, les besoins sont immenses et nos ressources insuffisantes.

Dans la mesure de nos moyens humains et matériels et en comptant sur la Providence et nos amis bienfaiteurs (nous voulons ici vous remercier de tout cœur), nous essayons de soulager au maximum les souffrances de nos frères et sœurs, ces milliers de personnes (adultes, enfants et bébés) pour qui nous sommes le seul signe d'espérance et le seul espoir de survie.

Lettre d'Alep n° 5 (3 octobre 2012)
par Nabil ANTAKI

Voilà maintenant 10 semaines qu'a débuté la guerre à Alep ; on l'a appelée « la bataille décisive » : celui des deux camps qui la gagnerait régnera sur la Syrie. Décisive, elle l'est : par l'ampleur des destructions, des incendies, des drames humains, des morts innocents et par le nombre de déplacés ; et ce n'est pas fini, les différents « acteurs » ayant, nous semble-t-il, opté pour le pourrissement de la situation, ce qui amènera davantage de destructions et de morts. Malgré les combats acharnés, les bombardements, les tirs de mortiers, les voitures piégées et des attaques éclair des rebelles, la situation sur le terrain n'a guère changé, Alep étant toujours coupée en deux avec une ligne de front floue qui change tous les jours.

Le quartier de Jabal Al-Saydé, où se trouvent les quatre écoles, refuges des déplacés dont nous avons la charge, était le plus sûr, parce que le plus au nord d'Alep (les batailles ont surtout lieu dans les quartiers est et sud de la ville). Mais la semaine passée, deux événements ont secoué le quartier : vendredi 28 septembre, les rebelles y ont fait une incursion de quelques heures, vite repoussée par l'armée régulière mais laissant sur le terrain plusieurs morts et sur place des déplacés très inquiets. Puis dimanche 30 septembre, plusieurs obus de mortiers sont tombés à quelques mètres des écoles, faisant beaucoup de dégâts matériels et, heureusement, peu de victimes. Certaines familles de déplacés ont fui pour d'autres lieux plus calmes (pour certaines, il s'agissait du 3e ou 4e déplacement) et elles ont été vite remplacées dans les écoles par de nouveaux arrivants. Et beaucoup de familles chrétiennes qui habitent le quartier l'ont fui et sont venues se réfugier au couvent des « Frères Maristes ».

Notre groupe les « Maristes Bleus » continue (il faut le dire en toute humilité : avec un grand courage et beaucoup de bravoure) à prendre en charge les 1 200 personnes déplacées logées dans les quatre écoles de Jabal Al-Saydé en leur fournissant les produits alimentaires pour survivre (dont le lait pour nourrissons et enfants) et les produits hygiéniques (couches, savon…) ; en les soignant pour les maladies aigües qu'elles attrapent ou chroniques qu'elles ont (diabète, hypertension…) ; en prenant soin des enfants et en accompagnant les mamans.

Récemment, nous avons entrepris un nouveau projet pour les déplacés : « Je veux Apprendre » ; frère Georges SABÉ l'a ainsi présenté sur la page Facebook des Maristes-Alep : « Je veux Apprendre, j'aime apprendre ! Nous avons écouté avec notre cœur ! Petits et grands nous ont demandé un crayon, un cahier pour écrire, pour apprendre : Cinq fois cinq… ! Comment écrire *one, two, three, four, five* ? Ose regarder ce que j'écris, ce sont les mots de l'espérance, les mots de l'amour, les mots de remerciements, les mots de la confiance et de la foi. J'existerai à cause de votre regard, votre regard tendre, amoureux. Pour eux tous, adultes et enfants, nous lançons notre nouveau projet : “Je veux Apprendre”. Leurs écoles n'ont pas ouvert leurs portes, nous leur offrons nos cœurs, pour qu'ils y écrivent de leur main une nouvelle page de leur vie, une vie qui vaincra la haine et la violence, une vie, hymne d'amour qui ne finira jamais ! ».

Tout ce que nous faisons n'aura pas été possible sans le soutien généreux des bienfaiteurs qui, de l'étranger, nous manifestent leur solidarité en nous envoyant des dons, surtout, grâce et par l'entremise de Françoise Parmentier. À elle et à vous tous, nous voulons dire un grand « Merci ». Nous voulons vous assurer que tous vos dons nous parviennent immédiatement et intégralement. Avec l'argent à notre disposition, nous achetons sur place tout ce qui est nécessaire et nous ne dépensons aucune piastre en frais administratifs ou de fonctionnement. Tout ce qui est récolté va aux bénéficiaires. Notre travail repose sur un bénévolat total. Quant aux produits distribués, nous les trouvons sur place ; tout n'est pas disponible tout le temps, mais les commerçants trouvent le moyen d'accéder parfois à leurs entrepôts situés dans des zones dangereuses en payant « une rançon » ou d'amener des produits d'autres villes syriennes en payant « des droits de passage » aux rebelles qui, sinon, se les approprieraient.

En terminant, nous voudrions partager avec vous ce qu'une amie suisse nous a envoyé et qu'elle a entendu sur France Culture dimanche dernier :

« Au creux de vos vies, le Seigneur dépose l'Espérance. Dans le creux de vos mains, le Seigneur dépose son Amour. Au fond de vos yeux, le Seigneur dépose sa lumière. Dans le fond de vos cœurs, le Seigneur dépose sa paix ».

P.-S. Certains se sont demandé pourquoi les lettres ne sont pas signées. Cette fois, elle le sera.

Nabil ANTAKI.

Mariam : l'autre visage de la guerre
Texte de frère Georges SABÉ (20 octobre 2012)

La guerre fait rage à Alep. Les déplacés ne cessent d'arriver dans le quartier de Jabal Al-Saydé, cherchant un abri. Ils viennent des quartiers est de la ville. Nous nous occupons des familles qui logent dans les quatre écoles publiques du quartier. Tous les jours, Ammo Jousef (M. Joseph), le conducteur d'un autocar, ramasse les jeunes bénévoles qui viennent nous aider dans l'animation des activités pour les enfants.

Nous portons tous un T-shirt de couleur bleue. Comme tous les matins, les enfants nous attendent et ils crient : « Les Bleus sont arrivés ». Ils courent, ils veulent voir si nous avons des ballons ou si nous avons apporté quelques douceurs. Les parents nous regardent de loin. Ils vont recevoir la visite de Margot, de Leyla et d'autres dames qui vont les entretenir. Le Cheikh m'attend. On doit discuter des besoins les plus urgents : l'hiver approche bien qu'il fasse actuellement chaud ; la guerre s'annonce longue, destructrice, horrible. Le nombre des déplacés augmente. Comment célébrer la fête « al-Adha » qui s'annonce ? Tant de problèmes de logistique doivent être résolus.

Le service de santé est bien organisé. Nabil dirige le dispensaire. Il est ouvert tous les matins. La pharmacie est bien fournie.

Bahjat organise le travail des jeunes bénévoles. Ils sont répartis dans les quatre écoles. Les enfants apprennent de nouveaux chants. Des parties de foot sont organisées pour les grands. On raconte des histoires aux petits…

Hier, à la réunion de l'équipe des « Maristes Bleus », quelqu'un a proposé de commencer à faire une heure de classe en regroupant les enfants par tranche d'âge, mais plusieurs défis nous attendent : où se feront les cours si toutes les salles de classe sont occupées par des familles ? Quel programme ? Comment résoudre le problème de l'éclairage si l'électricité continue à être coupée ? Une première proposition surgit : Donnons-leur à dessiner ou colorier, nous évaluerons par la suite.

Un jour, Leyla commente la situation de Oum Mohamad. Elle a 5 enfants : quatre filles et un garçon. Le papa est employé à l'Éducation nationale. C'est le quatrième déplacement qu'ils subissent depuis le fameux 23 juillet. Tous les enfants allaient normalement à l'école. Ils sont bien cultivés mais ils sont sous le choc des déplacements répétés et de l'horreur d'un vécu quotidien. La famille a tout perdu sauf la dignité. Mariam, l'aînée, a 17 ans. Elle veut continuer ses études et préparer son bac. Elle n'a pas réussi à emporter ses livres. En attendant, elle demande à intégrer le groupe de bénévoles dans l'animation des activités pour les autres enfants. Elle veut porter le T-shirt bleu. Il paraît qu'elle nous attend tous les matins. Elle nous voit arriver. Cette adolescente rêve de sortir, de courir, de faire jouer les enfants, de dessiner un sourire sur les tristes visages des petits. Elle veut se donner. Mais elle a honte. Elle se demande si nous pouvons l'accepter dans le groupe de bénévoles.

Nous ne pouvons pas refuser sa demande. Il faut quand même lui parler… pousser un peu plus loin ses motivations… Nous allons à sa rencontre. Elle est jeune, timide mais souriante. Elle se raconte : « Quand j'étais toute petite, je rêvais d'être institutrice. Je voulais étudier, arriver jusqu'à l'université. J'aime les enfants. J'ai subi la guerre. Je ne veux pas qu'elle détruise les rêves des enfants. Quand les Bleus sont parmi les enfants, une certaine paix règne. Les enfants sont occupés. Ils sont heureux.

Personnellement, je veux participer à vos activités comme monitrice. Il est vrai, je n'ai pas beaucoup d'expérience mais je suis prête à tout faire pour les enfants ».

Mariam a intégré le groupe de bénévoles, elle a reçu son T-shirt bleu. Elle prépare tous les jours une histoire pour les marionnettes. Les petits attendent impatiemment ce moment de la journée. Je ne sais pas d'où elle puise cette imagination et cette créativité.

Mariam nous émerveille. Elle est un havre de paix. Elle est l'autre visage de la guerre !

Lettre d'Alep n° 6 (26 octobre 2012)
par frère Georges Sabé

Ce matin, je mettais sur ma page Facebook un mot de félicitation à tous les amis musulmans qui célèbrent aujourd'hui la grande fête, Aïd al-Adha. C'est la fête qui rappelle le sacrifice d'Abraham. C'est une fête commune aux trois religions monothéistes. Je disais : « Le soleil de ce matin nous annonce la fête Al-Adha. Puisse cette fête être une miséricorde pour les croyants et une paix pour notre terre ». En effet, ce matin, nous nous attendions à un cessez-le-feu, mais en vain… Les combats ont baissé peut-être d'intensité mais ne se sont pas arrêtés. De plus, certains quartiers, jusqu'ici épargnés, ont été envahis par les rebelles dont un quartier à majorité kurde et atteignant un quartier chrétien. Ce fut encore une fois l'occasion pour certains de se déplacer, de chercher un quartier un peu plus sûr. Parler de la situation à Alep, c'est parler d'une guerre qui nous apporte tous les jours son flux de morts, de destructions, de peur et surtout de non-sens.

Mais c'est aussi parler de tant de témoignages d'action de solidarité avec les gens qui souffrent de cette guerre.

Nous, les « Maristes Bleus », avons vécu ce mois intensément, avec de nouveaux projets qui sont venus enrichir notre mission.

Je veux Apprendre : ce projet éducatif, d'alphabétisation des enfants et de certains adultes, tous déplacés et logés dans les quatre écoles où nous agissons, a pris forme. Il s'agit d'aider les enfants de tout âge à lire et écrire : certains, quelques lettres et quelques chiffres et d'autres, un peu plus : grammaire, conjugaison, etc. Je ne puis oublier cet homme dans la quarantaine, épelant les mots. Avec les mots qu'il prononçait, sa bouche annonçait son bonheur de se libérer de l'analphabétisme. Il voulait que tout le monde sache qu'il a lu quelques mots… Que dire des enfants ? Ils sont fiers, ils tiennent au crayon, au cahier, ils viennent nous montrer : « J'ai écrit A, B, C… ; je sais additionner 3+5 = 8… » Lui, l'enfant condamné à fabriquer des souliers, il devient, tout d'un coup, élève comme tous les enfants du monde qui ont droit aux études… Vu le manque de place (toutes les salles de classe étant occupées par une ou plusieurs familles), des parents n'ont pas hésité à offrir la salle dans laquelle ils logent : « Venez, nous ferons en sorte que la classe soit bien rangée pour que les 15 enfants puissent étudier ». Se faire solidaire, participer, n'est pas un geste spontané, c'est un geste qui s'acquiert, qui révèle un chemin qui va plus loin que la guerre, plus loin que l'individualisme… Pour ces enfants et pour les adultes, nous n'avons pas hésité à nous engager, à donner de notre temps. Nous ne sommes pas tous des éducateurs ni des instituteurs nés, mais notre bonne volonté et l'enthousiasme des enfants et des parents pourront faire que ce projet avance et réussisse.

La campagne « DAFA » : à l'approche de l'hiver, nous avons lancé la campagne « DAFA » qui veut dire chaleur… Là aussi, la générosité n'a pas manqué… Je profite pour dire merci à tous les amis qui nous soutiennent. Qu'avons-nous fait ? Comme la fête Al-Adha approchait, nous nous sommes engagés à acheter un habit neuf pour chaque déplacé… Un travail de fourmi : vérifier nos listes, visiter les familles pour estimer les tailles des personnes, passer plusieurs heures au marché, acheter, chercher le meilleur, marchander, se faire des amis, écouter la plainte des jeunes commerçants qui étalent leurs produits sur les trottoirs. Youssef est déjà un ami, il a notre numéro de tél… Il nous appelle… Alat, un autre… Mohamed, un troisième (quand nous lui avons dit que nous achetions pour les déplacés logés dans des écoles, il nous dit : « Je suis un déplacé, mais je loge dans un jardin public ». Cet autre commerçant ajoute quatre ou cinq pantalons neufs sans rien dire… Il avait fait un bon prix, car c'est un cadeau pour les déplacés… Le marché, toute une histoire de relations… Malheureusement, depuis hier, ce marché a été le lieu de combats qui font toujours rage… où sont Youssef, Alat, Mohamed et tant d'autres visages qui nous ont accueillis ? Vous nous manquez tellement… Vous représentez notre Orient, notre cher Orient, notre terre, notre tradition, notre culture, notre vie de tous les jours… Une fois les habits achetés, les sacs remplis de notre tendresse avant qu'ils ne soient remplis d'habits… Merci, Leyla, Margot pour tout le soin que vous avez mis à n'oublier personne, à faire que chaque pièce soit bien destinée… « À celui-ci, ce tricot va bien ; à cette jeune, ce survêtement ; à cet enfant, telle taille »… Quel soin, quelle attention, quelle délicatesse ! Cette même délicatesse pour visiter chaque famille dans la classe où elle loge et lui remettre le sac en lui souhaitant une bonne fête. Il ne fallait pas plus de 5 minutes pour voir des enfants porter déjà l'habit neuf qu'ils ont reçu ! Une des écoles avait organisé une fête, les enfants voulaient exprimer leur gratitude, les parents aussi… Étonnement d'un amour, d'une relation qui se tisse… Ils ne sont plus « les enfants », ils sont « Zeinab, Sabrine, Zaki, Haidar… ». La campagne « DAFA » est encore à ses débuts : le Croissant-Rouge syrien nous a procuré des couvertures, nous avons besoin bien plus encore, nous avons besoin de mettre du plastique sur les fenêtres, nous voulons installer des chauffe-eau pour les bains… et si possible, plus de tricots et d'habits chauds !

La fête Al-Adha : durant cette fête, la tradition veut qu'on offre des moutons en sacrifice… et de distribuer la viande aux pauvres et aux nécessiteux… Nous nous proposons de consacrer 100 kg de viande pour un repas de fête… Certains ne cessent de nous dire : « Il y a des mois que nous n'avons plus goûté à la viande »… Lundi 29 octobre, les « Maristes

Bleus » offrent le repas : du *lahm Ajin* : une pizza orientale à base de viande et de légumes… « *Tfadalou* » (Veuillez venir)… La table est servie pour le festin… Nous partagerons la table et la fête… Nous célébrerons l'espérance au-delà de tout et malgré tout… Pour certains déplacés, la fête n'est pas fête… Ils pleurent un parent ou un ami tué, ou enlevé… Ils pleurent une maison abandonnée ou détruite, ils pleurent un travail et un avenir… En arabe, souhaiter la fête, c'est dire : « *Kel sane wa entou bkheir* » (Que vous soyez en bonne santé tous les ans). Mais certains disent : « Inch'Allah, la prochaine année, nous serons de retour dans nos foyers », d'autres répètent : « Que la Syrie soit en paix ! »

L'espérance peut-elle disparaître ? Peut-on vivre sans un brin d'espérance ? Une question adressée à chacun de nous. Comment ne pas mentionner à cette occasion tant de mots de gratitude ? Wadah, père de famille, 4 enfants, sa femme enceinte attend le 5e dans quelques mois. Wadah est chauffeur de Suzuki, une camionnette de transport de marchandises… Wadah, aux yeux bleus, qui paraissait au début si « fanatique »… insiste pour que nous rentrions dans la salle où il loge… Nous entrons… Il confie : « Nous ne pouvons pas oublier ce que vous faites pour nous. Mais écoutez : si par malheur, quelque chose vous arrive, j'ai une petite cave, un atelier où je travaille, je vous l'offre, vous pouvez vous y installer… ». Wadah, mon ami, ton cœur est beaucoup plus vaste que ton atelier, nous savons bien que tu nous y loges… Sache bien que tu as transformé notre regard et nos préjugés… Tu as fait que les barrières qui séparent les hommes tombent… Merci, Wadah…

La fête pour « Hamoudé ». Hamoudé est un enfant de 10 ans. Il a les pieds déformés… Il est tout beau, tout propre, tout souriant, mais il marche maladroitement, il souffre, il lui faut un appareil ! Quand nous l'avons rencontré, il rêvait de posséder un ballon, mais il ne pouvait jouer, il ne pouvait courir, il n'était pas comme les autres enfants !

Nous n'avons pas voulu que Hamoudé passe la fête comme toutes les fêtes, nous voulions marquer cette fête par un très beau cadeau… un appareil, qui l'aide à marcher presque normalement, à porter des espadrilles… Hamoudé avait hier son dernier rendez-vous avec le technicien orthopédiste… Malheureusement, les événements d'hier l'en ont empêché, mais Hamoudé a dormi, tenant en main le sac en plastique dans lequel se trouvent les chaussettes spéciales et les espadrilles rouges qu'il attendait et rêvant que demain, il marchera bien différemment…

Inch'Allah, Hamoudé… En dépit de tout, ne perds pas l'espérance ! Elle vaincra toujours le fatalisme…

Les jeunes bénévoles : ces derniers temps, nous commencions à manquer de bénévoles… Certains avaient quitté le pays, d'autres passaient leurs examens universitaires, et les parents d'autres ne voulaient pas que leurs enfants aillent à un quartier à haut risque… Et voilà que le ciel nous envoie plusieurs jeunes avec beaucoup de qualités… Nous étions tous chrétiens… il nous manquait cette autre dimension… des concitoyens musulmans qui accepteraient de se joindre aux « Maristes Bleus »… Les voilà, ils sont parmi nous : « Dalia, Amer, Moustapha et tant d'autres… ». Ils sont le cadeau du ciel…

Soins médicaux : je ne puis omettre l'importance du point médical… Le rendez-vous quotidien… Les malades s'y dirigent… Nabil, Dany et Maher écoutent, auscultent, diagnostiquent, prescrivent, donnent le médicament et soulagent la peine des enfants, des jeunes et des adultes… Ce service est très bien apprécié par les déplacés qui logent dans les écoles mais aussi par beaucoup de gens du quartier… On parle de « Médecins sans frontières », bien que nos médecins ne fassent pas partie de cette ONG, ils sont des médecins sans barrières, sans frontières et sans exclusions…

Comme vous le savez déjà, nous avions lancé le projet « Panier de la Montagne ». Un projet pour aider 300 familles chrétiennes du quartier de Jabal Al-Saydé… Nous sommes en train de préparer la 3e distribution mensuelle de denrées alimentaires…

Permettez-moi de couper… Le canon tonne fortement à l'extérieur… Le cessez-le-feu tombe à l'eau, et avec lui, l'espérance d'une prochaine paix tombera-t-elle ? Au moment où vous lirez ce texte, beaucoup d'autres événements seront venus nourrir notre quotidien, nous prions pour que notre espérance ne faiblisse…

Je reviens au « Panier de la Montagne » qui représente une aide substantielle à toutes ces familles… Une des qualités de ce projet, c'est qu'il est « UN ». Jésus a prié pour que nous soyons « UN » comme Lui et le Père le sont. Je ne parle pas de projet œcuménique mais d'« UN » projet. Un modèle d'Église, Une. Un modèle de mission d'Église, « Une ». Un modèle d'engagement, « Un »…

J'ai été long, je vous prie de m'excuser. Comme le temps qui est long pour les déplacés qui rêvent de rentrer chez eux et pour tous les Syriens qui attendent que ce cauchemar finisse.

Lettre d'Alep n° 7 (12 décembre 2012)
par Nabil ANTAKI

Depuis notre dernière lettre du 26 octobre, la situation militaire sur le terrain n'a guère changé. Malgré les combats de rue, les bombardements, les voitures piégées, les snipers, les assassinats et les kidnappings, aucune des deux parties du conflit n'a pris le dessus à Alep.

Par contre, la situation humanitaire est catastrophique. Tout manque : le pain, l'eau, l'électricité, l'essence, le gaz et le fioul, pour ne citer que les besoins essentiels. Ces produits existent dans les autres villes syriennes au prix normal. Mais le ravitaillement d'Alep est impossible, toutes les routes qui vont d'Alep ou qui y mènent étant entre les mains des rebelles qui empêchent l'acheminement de ces produits. Et quand on peut se les procurer, c'est à un prix inabordable pour la plupart des gens : le pain à 10 fois le prix, l'essence à 5 fois, le fioul (pour le chauffage) à 12 fois, le gaz (pour la cuisine) à 9 fois. Les Alépins ont froid (c'est l'hiver), ont faim et sont désespérés. De plus, l'électricité est rationnée, quand elle n'est pas coupée complètement comme il y a quelques jours, quand la principale centrale électrique a été bombardée laissant Alep dans le noir le plus total pendant 48 heures, sans lumière dans les immeubles ni dans les rues, laissant les Alépins sans eau (pas d'électricité = pas d'alimentation en eau) et avec un froid glacial, les gens ne pouvant compter sur le réchaud électrique, acheté, faute de fuel pour alimenter le poêle ou le chauffage central. Les communications sont très difficiles : les téléphones portables, Internet, les communications internationales sont la plupart du temps interrompus. Quitter Alep relève de la gageure : par la route, on est soit kidnappés soit assassinés, ou par avion, et on risque d'essuyer des tirs sur la route de l'aéroport qui ont tué plus d'un. Le nombre de déplacés augmente : une statistique sommaire sur les malades qui me consultent au cabinet m'a montré que 80 % n'habitent plus leur domicile et ont déménagé chez des parents ou des amis qui habitent les quartiers encore « sûrs ». La vie est devenue tellement chère que même la classe moyenne n'arrive plus à survivre. Alors, que de dire des pauvres et des déplacés dont nous avons la responsabilité !?

Avec les « Maristes Bleus », nous continuons notre travail avec les déplacés. La matinée est consacrée à la distribution des denrées alimentaires et sanitaires et au « point médical » où nous avons entre 30 et 50 patients par jour. L'après-midi, les adultes de notre groupe avec les deux Frères Georges visitent les familles, et les jeunes avec le frère Bahjat s'occupent des enfants. Notre projet « Je veux Apprendre » vise l'alphabétisation des enfants déplacés en leur inculquant les notions de base de l'écriture et du calcul. Les déplacés souffrent beaucoup du froid, les salles de classe où ils logent n'étant pas équipées de chauffage. Ils se contentent des pulls épais et des couvertures que nous leur avons fournis. Par contre, nous avons installé dans chaque école un chauffe-eau électrique pour leur permettre de prendre un bain d'eau chaude (quand l'électricité et l'eau sont disponibles !).

Notre projet « le Panier de la Montagne » en est à son 5e mois. Comme nous vous l'avions dit dans nos lettres, ce projet vise à fournir un panier (assez consistant pour nourrir une famille) d'aliments une fois par mois aux familles chrétiennes sans ressources du quartier de Jabal Al-Saydé pour assouvir leur faim en leur donnant un minimum vital pour survivre. Dimanche 2 décembre a eu lieu la distribution du 4e panier mensuel à 291 familles. Le 5e panier est prévu pour la veille de Noël et inclura pour la première fois un kilo de viande. Ce sera le festin, le jour de Noël, pour ces familles qui n'ont pas goûté à la viande depuis maintenant 5 mois.

Tous les Alépins, y compris nos déplacés, nos pauvres et nos bénévoles sont atteints de lassitude et de désespoir devant cette situation qui dure depuis cinq mois à Alep et vingt et un mois en Syrie. Ils ne voient pas le bout du tunnel. Ils en ont marre du bruit des bombes et des fusils, de la pauvreté, de la privation, de la faim, du froid, des destructions, du déplacement et de la mort qui guette à chaque instant. Ils souffrent de voir leur ville et leur pays en train d'être détruits et ont perdu tout espoir pour l'avenir.

Ce qui nous console, c'est ce réseau de solidarité qui s'est créé autour de nous. D'abord, les parents et les Syriens de la diaspora qui ne manquent pas une occasion pour manifester leur attachement et leur amour pour les Syriens restés sur place et pour leur pays d'origine. Et puis, bien sûr, vous tous : amis, connaissances ou amis d'amis qui nous avez soutenus et vous continuez à le faire par divers moyens.

À vous tous, au nom de nos équipes des « Maristes Bleus » et du « Panier de la Montagne », je voudrais dire « Merci pour votre solidarité, votre amitié et votre amour. Nous souhaitons que Noël soit pour vous Joie et Paix. Que notre Seigneur, Dieu de l'Amour et de la Paix, fasse que cesse notre cauchemar et que vive en nous cette Espérance qui fera qu'après les ténèbres, la lumière jaillira pour que, de nouveau, nous puissions vivre en paix et en sécurité ».

Avant de terminer, je voudrais partager avec vous un extrait du message qu'a adressé le supérieur général des « Frères Maristes » au monde mariste à l'occasion de Noël :

« ... Un apprentissage que font aussi les trois frères de notre communauté d'Alep (Syrie), à quelque 600 km de Bethléem. Depuis plusieurs mois, la population civile de cette ville très ancienne est plongée dans une situation de forte violence : lutte armée, bombardements, pénurie de

ressources... Ce qui est réellement surprenant, c'est que dans ces circonstances adverses, le saisissement peut surgir !

En effet, une profonde admiration paraît face à des situations qui se produisent, d'une manière inattendue : un groupe de laïcs maristes qui, défiant la peur, donnent leur temps et leurs qualités pour rester auprès des victimes les plus vulnérables, sans distinction de cultures ou de religions ; la collaboration de volontaires musulmans qui s'unissent aux "Maristes Bleus" ; le rire spontané des enfants, au moins l'espace de quelques heures ; le réseau de solidarité qui s'est tissé, tant au niveau local qu'au niveau international... Oui, l'espérance est possible. Même si tout semble indiquer que la violence et la mort ont le dernier mot, la petite espérance, comme l'appelait Péguy, s'obstine à rester éveillée dans le cœur des gens simples.

Comment pouvons-nous continuer à soutenir l'espérance de nos frères et sœurs d'Alep ? Je vous invite à un petit geste : du 18 au 25 décembre, mettre dans un lieu privilégié de notre communauté ou de notre famille une bougie et l'allumer chaque jour pendant un certain temps, comme symbole de notre communion avec eux, par l'affection et la prière. »

Pour 2013, nous vous souhaitons le meilleur.

Notre cordon ombilical
Texte de Nabil ANTAKI (31 janvier 2013)

Quand la guerre débuta à Alep en juillet 2012, l'aéroport d'Alep était encore ouvert au trafic ainsi que l'autoroute qui reliait Alep aux autres villes de Syrie. Puis, fin décembre 2012, l'aéroport ferme ses portes à cause du danger pour les avions d'être abattus par les combats qui se déroulaient à proximité.

Restait l'autoroute pour relier Alep au reste du monde, mais elle devenait chaque jour plus dangereuse. On était arrêtés à une vingtaine de check-points, certains tenus par les rebelles et d'autres par l'armée syrienne. Nous avions peur des check-points parce qu'on pouvait être arrêtés et descendus du bus sans aucune explication. C'est pourquoi nous préférions l'avion. D'ailleurs, nous avions quitté, ma femme et moi, Alep par avion début décembre 2012 pour aller voir nos enfants qui habitent les États-Unis. À notre retour à Beyrouth, nous avons eu la mauvaise surprise de savoir que l'aéroport d'Alep avait été fermé. Nous ne savions plus quoi faire : Attendre que l'aéroport ouvre de nouveau ou prendre le risque de rentrer par bus ?

Nous avons patienté, en vain, quinze jours à Beyrouth avec l'espoir que l'aéroport fonctionne de nouveau. Finalement, nous avons décidé de rentrer par l'autoroute. C'était une décision courageuse. Peu de gens, surtout les chrétiens, l'avaient osé. Mais avant d'emprunter l'autoroute cette dernière fois en janvier 2013, j'ai laissé pousser une barbe de cinq jours, j'ai mis des vêtements anciens. On nous a donné mille et un conseils : garder la tête baissée aux check-points ; que ma femme mette un foulard sur la tête pour se couvrir les cheveux aux check-points des rebelles. C'est ce que nous avons fait et nous sommes arrivés à Alep, saufs et soulagés. C'était un voyage mémorable que nous ne sommes près d'oublier. D'autres n'ont pas eu la même chance que nous. Certains ont été kidnappés. On n'a aucune nouvelle d'eux. D'autres ont été abattus de sang-froid. Des « chanceux » ont été rendus à leurs familles après le paiement d'une rançon.

Comme l'autoroute devenait dangereuse, le trafic s'est arrêté. Le gouvernement a alors aménagé une petite route de campagne, appelée la route de Khanasser, pour relier Alep au reste du monde. Une route étroite, pleine de crevasses et de trous, qui serpente parfois à travers les champs, mais le plus souvent passe dans des régions désertiques. Les chauffeurs font, à certains endroits, de la vitesse excessive parce que c'est le moyen d'échapper aux snipers. Le mien m'a dit : « Si je vois mon propre frère sur le bord de cette route me faisant signe de m'arrêter, je ne le ferai pas ».

En quelques semaines, beaucoup ont perdu la vie sur la route de Khanasser, attaqués par les rebelles. Mais la route de Khanasser est devenue notre cordon ombilical : elle permet le ravitaillement de la ville et le voyage des Alépins quand elle n'est pas bloquée ou n'est pas le siège d'attaque ou de combat. Par elle passent les camions-citernes remplis de fioul ou d'essence, les camions avec de la farine, des légumes ou des fruits, les Alépins qui quittent ou rentrent à Alep. Quand la route de Khanasser est impraticable, un blocus de fait existe et la pénurie s'installe au bout de deux jours.

Lettre d'Alep n° 8 (3 février 2013)
par frère Georges SABÉ

Vendredi 1er février 2013. Il est midi. Les coups de canon continuent à occuper une bonne place dans notre quotidien. Alep a vécu le mois de janvier avec une situation des plus dramatiques, surtout au niveau humain : la rareté et le renchérissement de denrées essentielles à la vie ou à la survie de tous les jours : le pain, les médicaments, le fioul, l'essence, l'électricité, etc.

Les drames humains auxquels, nous, les « Maristes Bleus », sommes confrontés quotidiennement sont terribles. Les déplacés augmentent en nombre et en besoin. Les petites gens, pauvres et misérables, sans ressources et sans travail, viennent nous supplier pour leur trouver un petit emploi : beaucoup ont installé une *basta*, un petit étalage en pleine rue pour vendre n'importe quoi : des biscuits, des cigarettes, des fruits et des légumes, etc. Élias, par exemple, a comme capital 2 000 livres syriennes (20 euros). Lui et son fils Hanna (7 ans) sont là toute la journée devant la *basta* pour vendre des biscuits, le paquet à 5 livres syriennes. Hassan, père de famille, déplacé, sans travail, passe toute la nuit devant la boulangerie pour acheter quelques kilos de pain qu'il revendra un peu plus cher. Ce petit commerce lui permettra de subvenir aux besoins minimums des sept membres de sa famille.

Je pense aux enfants, vendeurs d'essence, et à cette adolescente qui s'installe dans une rue bien fréquentée par des milliers de piétons. Ses mains lui servent d'étalage, elle y tient un paquet de biscuit qu'elle vend.

Je pense aux jeunes… Il y a ceux qui ont quitté le pays avec ou sans leurs parents, mais il y a aussi tous ceux qui sont restés : les universitaires qui veulent terminer leurs études pour planifier un avenir, et ceux qui se retrouvent sans travail. Alors, quels mots d'espérance peuvent les aider à continuer leur chemin ? Parfois, ce n'est que le silence et l'écoute…

Ces mêmes jeunes ont été choqués par l'attentat qui a visé l'Université d'Alep au premier jour des examens semestriels et qui a causé la mort de tant d'étudiants qui, envers et contre tout, s'accrochent à un avenir incertain.

La ville devient de plus en plus une ville de fantômes. Après 16 heures, sans électricité et avec peu de passants, la ville est livrée à elle-même, aux combats, aux différents barrages… On dirait une ville livrée à son sort, à son *maktoub*.

Alep est de plus en plus isolée et asphyxiée. L'aéroport international reste fermé. L'unique possibilité de voyage est la voie terrestre avec ce que tout cela représente comme menace pour la vie des voyageurs. Pour ces mêmes voyageurs et pour leurs familles, le jour du voyage est un jour d'angoisse et d'inquiétude. Surtout, sur le tronçon le plus rapproché d'Alep où les télécommunications sont coupées et les barrages des différentes factions se multiplient.

Dans ce tableau obscur de la réalité alépine, nous continuons notre action de solidarité :

Nous avons amélioré la portion hebdomadaire de denrées alimentaires nécessaires au quotidien des familles déplacées et y avons ajouté du bois de chauffage. En réalité, le froid de ce janvier 2013 était tellement mordant que les déplacés ont allumé, pour se réchauffer, tout ce qui leur tombait sous la main : carton, plastique, bois, chiffons, vieux vêtements, au risque parfois d'une asphyxie. Dans ces mêmes conditions, les enfants s'accrochent à la vie. Ils ont profité d'un jour de neige pour exprimer leur joie et leur amour du jeu en faisant leurs bonshommes de neige ! Et à la lueur des bougies, ils ont été assidus aux heures d'études que leur assuraient nos bénévoles.

Quelques jeunes déplacés préparent leurs examens officiels du baccalauréat et du brevet. Ce fut pour nous l'occasion de les inscrire à des cours privés payants, pas loin des centres d'hébergement où ils se trouvent.

À la distribution mensuelle du Panier de la Montagne (300 familles en profitent), nous avons ajouté, pour Noël, du fromage et de la viande. Et nous avons pu distribuer, au grand bonheur de toutes ces familles, des bonbonnes de gaz pour cuisiner et chauffer l'eau.

Et aujourd'hui 3 février 2013 fut un jour très spécial. Un jour de rencontre et de fête, un jour de partage et d'écoute, un jour de distribution et de joie. Les médias ne sont pas venus filmer et documenter l'événement. Les TV n'en parleront pas non plus. Mais c'était une journée, un événement marquant pour plus de 370 familles. Des paquets bien chargés, lourds, pesants… Toutes ces familles ont reçu aussi une aide spéciale pour se procurer de quoi se chauffer… Mais surtout, la qualité de l'accueil, de la rencontre et du partage. On prend son temps, on parle, on dit un mot, on laisse une trace… Quelque part, en pleine rue ou au sous-sol, on ne fait pas la charité. Nous, les « Maristes Bleus », nous sommes solidaires. Mais les « Maristes Bleus » ne sont pas uniquement les résidents à Alep mais tout un réseau d'amis, laïcs et frères, Alépins d'origine ou non, tous engagés dans le même esprit de simplicité et d'audace pour aller vers une terre nouvelle, la terre de l'autre, le plus démuni, le plus pauvre, le sans-travail, le désespéré, l'inquiet, le triste… Alors ce soir, Marie, notre Bonne Mère, je te confie tous ces visages, toutes ces mains et ces cœurs, tous ceux qui font l'autre visage d'une guerre. Un visage d'amour et d'espoir. Je te les confie, nom par nom, visage par visage, personne par personne… En suivant tes pas, Ô Marie, nous continuons le chemin, en hâte, pour allumer plus de lumière dans la nuit obscure du quotidien de toutes ces familles. Je te confie aussi les déplacés, ces familles que nous rencontrerons demain et qui nous attendent, pas uniquement pour la distribution hebdomadaire, mais pour tout ce que cette distribution représente de solidarité au-delà de toute frontière.

Marie, pour chacun des bienfaiteurs et bénévoles, pour tous ces cœurs sans frontières, je te dis MERCI.

Lettre d'Alep n° 9 (24 mars 2013)
par Nabil ANTAKI

Résignation et lassitude résument assez bien l'état d'esprit actuel des habitants d'Alep.

En effet, les Alépins se sont résignés :

– à voir leur ville coupée en 2 parties avec l'afflux de centaines de milliers de déplacés qui ont envahi les zones « sûres », sans se lamenter. (Et le flux continue : des camionnettes pleines de gens et quelques meubles et matelas circulent dans les rues à la recherche d'un abri),

– à entendre le bruit assourdissant des rafales de mitrailleuses et des tirs de canons, sans broncher, et des avions, sans lever la tête,

– à vivre constamment sous la menace d'obus de mortiers qui tombent n'importe où, de tirs de snipers qui tuent n'importe qui et de voitures piégées qui explosent n'importe quand, sans avoir peur.

– à être des cibles de kidnappings qui ont lieu quotidiennement, sans se cacher.

– à être privés du courant électrique et de l'eau courante (2 à 4 heures par jour seulement), du téléphone portable et de l'Internet (réseau très fantaisiste) et du téléphone fixe (coupures fréquentes), sans se plaindre,

– à subir des embouteillages monstres sur le peu de routes encore ouvertes dans les quartiers « sûrs » (la plupart des autres routes et rues étant fermées à la circulation pour raison de sécurité), et à devoir souvent rentrer chez eux à pied parce que les routes conduisant à leurs quartiers ont été fermées par des milices, sans rouspéter. (Nous avons vu des jeunes porter leur vieux père ou grand père sur le dos et monter à Cheikh Maksoud !),

– à rentrer chez eux dès le coucher du soleil (18 heures maintenant) et n'en sortir que le matin, transformant Alep en ville fantôme, sans pouvoir se divertir,

– à voir tous les trottoirs envahis par des étals et des marchands ambulants qui vendent n'importe quoi pour pouvoir survivre, sans se plaindre que leur ville soit devenue un grand village,

– à croiser, tous les jours, la pauvreté et de plus en plus de mendiants dans les rues, sans se révolter,

– à constater que l'économie est complètement ruinée, les usines démantelées et volées et les commerces brûlés, sans désespérer.

Et de plus, ils sont las :

– las de ne pas apercevoir un brin de solution à des événements qui durent en Syrie depuis deux ans (15 mars 2011) et à Alep depuis huit mois (23 juillet 2012),

– las de voir la Syrie, nommée « berceau de la civilisation » par la Communauté internationale et Alep, la plus ancienne ville toujours habitée du monde, détruites, leurs trésors archéologiques volés, leur tissu social effiloché, la sécurité qui y régnait, et que les autres nous enviaient, disparue et la coexistence entre les différentes communautés du pays et la tolérance remplacées par un fanatisme religieux importé,

– las de devoir démentir tous les mensonges colportés par les médias étrangers,

– las de voir les grandes puissances proposer une solution négociée entre les 2 parties tout en récusant l'une d'elles et de décider d'armer une partie en « armes défensives et non létales » comme si ces dernières pouvaient exister.

Malgré ce contexte assez sombre, nous, les « Maristes Bleus », continuons avec détermination notre action en faveur des déplacés qui logent dans les 4 écoles de Cheikh Maksoud. Nous y allons quotidiennement passer la journée avec eux pour accompagner les mères ; divertir, éduquer et instruire les enfants ; distribuer les denrées pour le petit déjeuner et le souper ; apporter chaque jour un repas chaud à midi ; soigner les malades ; nous occuper de l'hygiène et de l'état sanitaire, sans oublier le lait pour les enfants et les nourrissons ainsi que les couches. Des vêtements et des chaussures sont donnés à l'occasion. Depuis deux semaines, le repas de midi que nous distribuons tous les jours aux déplacés dont nous avons la charge nous est fourni gratuitement par une association caritative musulmane « Al Ihssan » qui prépare dans ses locaux des dizaines de milliers de repas par jour pour les déplacés des écoles. À l'occasion de la fête des Mères, que nous célébrons en Syrie le 21 mars, nous avons organisé, avec leurs enfants, une fête pour les mamans déplacées.

Nous poursuivons toujours notre projet « le Panier de la Montagne » qui consiste à fournir un panier alimentaire mensuel aux chrétiens du quartier de Cheikh Maksoud qui sont sans ressources à cause des événements. Ils sont 300 familles. Mercredi 27 aura lieu la distribution du 8e panier mensuel et, à cette occasion, chaque famille recevra un kilo de viande pour que Pâques soit aussi une fête.

Nous n'oublions pas non plus les familles démunies qui habitent ailleurs que le quartier de Cheikh Maksoud et que nous soutenons depuis vingt-cinq ans dans le cadre de notre association « L'Oreille de Dieu ».

Récemment, nous, les Maristes, avons pris l'initiative de proposer une réunion à toutes les associations caritatives qui portent secours aux chrétiens démunis d'Alep. Les responsables des 13 associations se sont rencontrés 2 fois pour se connaître et pour coordonner leur action, recouper leurs listes et harmoniser les secours.

Dans notre quotidien de plus en plus difficile, nous sommes consolés par plusieurs lueurs d'espoir et d'espérance :

– Nos bénévoles continuent leur engagement avec nous, bien qu'il soit devenu de plus en plus périlleux d'aller à Cheikh Maksoud, les accès sont parfois bloqués, des obus y tombent souvent et des snipers font parfois des victimes ;

– Les Syriens dans leur majorité refusent la violence et aspirent à l'arrêt des hostilités et à retrouver le climat fraternel d'autrefois ;

– Nous sommes émerveillés par ce réseau de solidarité qui s'est tissé autour de nous tant au niveau local que national ou international. Nous ne pouvons pas assez remercier tous ceux qui, par des pensées, des messages ou des dons nous ont manifesté leur amitié, leur solidarité et leur amour.

Pour terminer, et à l'occasion de l'élection du pape François, nous voulons partager avec vous cette prière de saint François d'Assise :

Seigneur, faites de moi un instrument de votre Paix !
Là où il y a de la haine, que je mette l'amour.
Là où il y a l'offense, que je mette le pardon.
Là où il y a la discorde, que je mette l'union.
Là où il y a l'erreur, que je mette la vérité.
Là où il y a le doute, que je mette la foi.
Là où il y a le désespoir, que je mette l'espérance.
Là où il y a les ténèbres, que je mette votre lumière.

Là où il y a la tristesse, que je mette la joie.
Ô maître, que je ne cherche pas tant
À être consolé… qu'à consoler ;
À être compris… qu'à comprendre ;
À être aimé… qu'à aimer

Car :
C'est en donnant… qu'on reçoit ;
C'est en s'oubliant… qu'on trouve ;
C'est en pardonnant… qu'on est pardonné ;
C'est en mourant… qu'on ressuscite à la vie éternelle.

À l'occasion de Pâques, nous voulons vous dire que nous croyons en l'Espérance chrétienne, sans quoi, la foi n'est que paroles et la charité n'est qu'aumône. Nous croyons que la lumière jaillira des ténèbres et qu'après la mort, il y a la résurrection et la vie.

Bonnes Pâques !

Christos Anesti !

Note de Nabil ANTAKI
(Dernières nouvelles du 30 mars 2013) :

Hier Vendredi saint, les rebelles ont envahi le quartier de Cheikh Maksoud, là où se trouvent les déplacés dont nous avons la charge et aussi les 300 familles chrétiennes parmi les plus pauvres d'Alep que nous secourons. Une bataille brève et les voici maîtres des lieux. Il y a quelques tués et blessés parmi les gens que nous connaissons. Ce matin, ils ont obligé toutes les familles chrétiennes à quitter le lieu. Beaucoup sont venues se réfugier chez nous au couvent des Frères. Quant à nos déplacés des écoles, beaucoup ont fui, déplacés pour une 2e fois, et les autres sont restés (assignés dans leurs écoles). Vols, vandalisme ont suivi. Un nouveau drame qui s'ajoute à tout le reste. Chez nous, les Antaki, nous avons accueilli notre femme de ménage et sa grande famille (15 personnes) musulmane qui ont aussi fui les combats de Cheikh Maksoud. Un beau cadeau de Pâques pour tous ces nouveaux déplacés. Heureusement, la chaleur de l'accueil et la disponibilité des Maristes, frères et laïcs, sont là pour soulager un peu la souffrance de nos frères.

Note de Nabil Antaki
(Nouvelles du dimanche 31 mars 2013) :

D'abord, bonnes Pâques ! *Christos Anesti*.

Aujourd'hui, de nouvelles familles chrétiennes de Cheikh Maksoud/Jabal Al-Saydé ont pu fuir le quartier et sont venues se réfugier chez les Frères augmentant ainsi le nombre de déplacés. Tous sont en pleurs parce qu'ils ont eu très peur et qu'ils ont perdu le peu qu'ils avaient. Il nous a fallu leur fournir tout et recommencer à zéro avec ces nouveaux déplacés : matelas, couvertures, pyjamas, sous-vêtements, serviettes, savon, etc., et, bien sûr, les repas. Nous avons organisé une prière entre nous pour Pâques, n'ayant pas trouvé de prêtre disponible pour dire la messe.

L'après-midi, l'armée a commencé à bombarder le quartier et les derniers fuyards nous ont appris que certains des immeubles des chrétiens de Jabal ont été détruits.

On entend jusqu'à cette heure (22 heures) le bruit des bombardements.

Terrible nouvelle pour nous : le Cheikh, un notable du quartier, père de 11 enfants et qui était notre partenaire dans la gestion des 4 écoles où logeaient nos déplacés et qui avait été arrêté par les rebelles hier a été retrouvé mort et mutilé. C'était un brave Homme, un leader, très dévoué. Leyla, les Frères et moi sommes bouleversés par cette triste nouvelle.

Le générateur des Frères va s'arrêter dans 10 minutes et nos nouveaux déplacés (de 4 mois à 70 ans) vont aller dormir par terre sur des matelas.

Bonne nuit !

Note de Nabil Antaki
(Nouvelles du lundi 1er avril 2013) :

Le nombre des familles chrétiennes déplacées de Jabal Al-Saydé et réfugiées chez nous, chez les Maristes, s'élève aujourd'hui à 25. Le reste des 300 familles chrétiennes du Jabal a été accueilli chez la parenté. Trois nouvelles :

1- Une famille musulmane, déjà déplacée et logée dans une des écoles de Cheikh Maksoud et que nous connaissions, a pu quitter et a pu arriver jusqu'à nous. Il s'agit d'une mère et ses 7 enfants (de 4 mois à 9 ans) dont le mari avait été arrêté par les rebelles il y a un mois. Une misère. Nous l'avons accueillie chez nous.

2- À midi, c'était le festin pour nos familles, une famille de bienfaiteurs nous ayant offert un déjeuner de *machawi* (barbecue). C'était la fête.

3- Aujourd'hui, une délégation du Haut-Commissariat des Nations Unies pour les réfugiés est venue nous rendre visite accompagnée de représentants du Croissant-Rouge, du ministère de la Santé, du gouvernorat d'Alep. Nous avons, bien sûr, manifesté notre mécontentement devant le peu d'aide reçue localement, depuis huit mois qu'on s'occupe des déplacés.

Note de Nabil ANTAKI
(Nouvelles du mercredi 3 avril)

Le nombre des déplacés qui se sont réfugiés chez nous, les Maristes, a encore augmenté aujourd'hui et nous nous attendons à d'autres arrivées demain. De plus, des familles musulmanes des déplacés des écoles nous ont retrouvés et veulent être logées chez nous.

Le bilan des victimes de Jabal Al-Saydé parmi les familles chrétiennes est seulement de trois : deux personnes tuées pendant leur fuite par des tirs et un jeune de 17 ans, mort par un obus de mortier qui est tombé sur la maison où lui et ses parents s'étaient réfugiés à Telal. Il reste 3 vieux et une famille à Jabal, le reste ayant pu fuir.

Nous ne pouvons pas démentir certaines rumeurs qui circulent sur Internet, mais nous sommes loin de les confirmer et nous ne pensons pas qu'elles soient vraies.

Note de Nabil ANTAKI
(Nouvelles du mercredi 10 avril 2013) :

Contrairement aux rumeurs, Cheikh Maksoud (Jabal Al-Saydé) est toujours occupé par les rebelles. Beaucoup de familles chrétiennes se sont réfugiées chez les Maristes où tout leur est fourni. Celles qui sont allées chez des parents viennent chez nous pour avoir des vêtements, des sous-vêtements et des médicaments (elles ont quitté sans rien d'autre que les habits qu'elles portaient).

Demain jeudi, en collaboration avec Caritas Syrie, nous réunissons les 300 familles chrétiennes déplacées de Cheikh Maksoud pour une messe suivie d'une distribution de bons d'achat de vêtements et sous-vêtements et un peu d'argent liquide.

Je voudrais démentir certaines nouvelles qui circulent sur Internet :

1- Il n'y a pas eu de viol de jeunes filles chrétiennes ;

2- Personne n'a été crucifié. La personne qu'on cite, Fadel Abiad, est sain et sauf et était chez nous hier.

Le conflit syrien est déjà assez violent et difficile à résoudre qu'il est dangereux d'ajouter une composante confessionnelle basée sur des faits non véridiques.

Lettre d'Alep n° 10 (22 avril 2013)
par frère Georges SABÉ

Depuis le 30 mars, les événements se succèdent rapidement dans notre ville, Alep.

En effet, à 3 h 30 du matin du Vendredi saint 2013, j'ai reçu le premier coup de téléphone m'annonçant que le quartier de Jabal Al-Saydé commence à être envahi par les rebelles qui crient et vocifèrent, intimant aux gens de rester à l'intérieur de leurs appartements. La menace était-elle réelle ou bien, était-ce une incursion sporadique sans aucun effet sur la vie du quartier ? Tout doucement, les nouvelles annonçaient un vrai envahissement du quartier, les magasins sont défoncés, les voitures volées ou cassées. Les rafales paralysaient les gens et les obligeaient à se réfugier dans les cages d'escalier. Grands et petits pleuraient. La peur s'installait ! Les questions se précipitaient : faut-il quitter ? Que faire ? Une vraie angoisse ! Un vrai drame s'annonçait…

Au fil des heures, les combats font rage, les maisons sont « visitées » par les éléments armés, l'électricité est coupée, l'eau aussi… Les familles s'imaginent que c'est une question d'heures. Elles espèrent, attendent, mais rien ne change ! Bien au contraire, l'évidence est tout à fait autre. Les hommes armés jusqu'aux dents s'installent… La nuit tombe. On épie le moindre bruit, le moindre cri, le moindre hurlement… On ne dort pas, on veille, on prie, on attend le secours du ciel… Il est leur dernier recours…

Samedi saint, à l'aube, les immeubles commencent à se vider, les habitants les quittent. Ils emportent avec eux le strict nécessaire : quelques documents importants, un peu d'habits, les quelques économies qui restent, et rien d'autre… L'exode commence, un peuple erre à la recherche d'une possible sortie de l'enfer… Ils sortent. Il fait encore obscur… Une famille perd le contact avec ses deux petits enfants qui devraient être avec des voisins mais qui ne le sont pas… Une autre famille cherche par tous les moyens à aider le vieux qui ne réussit pas à marcher ! Les voisins s'appellent, se mettent d'accord pour marcher ensemble, protégés par leur destin. Les rues sont vides, les lumières éteintes. On jette un dernier regard sur son appartement, sur l'intérieur, sur toute une histoire, tout un rêve, toute une vie, on voudrait que cet instant s'éternise. Et avant de fermer la porte, on fait le signe de la croix comme pour dire au Seigneur : « Entre tes mains, nous nous remettons ». On ferme la porte à clef, on tourne deux fois la serrure, on scelle la porte par un regard d'espérance. Mais il faut faire vite ! Sinon, la mort peut surgir à tout instant… Un peuple marche, un peuple erre, un peuple se déplace… Il est forcé à vider le quartier, le lieu de sa vie pour qu'il devienne un cimetière de souvenirs, peut-être un amas de pierres… On n'a pas le temps de regarder une dernière fois au balcon de la maison où est étendu un linge qui n'a pas encore séché ! Une seule idée en tête : il faut fuir l'enfer, le plus tôt possible, à n'importe quel prix… Aucune voiture ne peut circuler. Il faut marcher, marcher, marcher… Les minutes deviennent une éternité… La page est tournée ! Tout est consommé !

Samedi vers 9 heures, les plus rapides parmi les habitants du quartier Jabal Al-Saydé arrivent dans la zone sécurisée : certains sonneront à la porte d'une parenté et d'autres prennent le chemin de notre communauté mariste, unique lieu d'accueil… Les « Maristes Bleus » sont là… Ils accueillent, ils écoutent, ils ne cessent de répéter : « *Hamdellah 'al salameh* » Rendons grâce à Dieu pour votre sécurité.

Les 300 familles chrétiennes et tant d'autres familles du quartier l'ont abandonné entre les mains d'hommes armés… Nous aussi, les Maristes, nous ne pourrons plus revenir à notre local du quartier. Une inquiétude monte en nous : qu'en est-il des familles déplacées musulmanes qui se trouvaient dans les écoles ? Point de réponse…

La communauté mariste devient un centre d'information, de recoupement de données : on appelle pour avoir des nouvelles d'une famille ou d'une personne âgée… En effet, quelques familles sont restées dans le quartier…

La dernière famille qui a quitté le 3 avril nous décrit son exode : tous ses membres, y compris la grand-mère avancée en âge, sont passés par des trous que les hommes armés avaient faits dans les murs des maisons… Elle nous raconte l'horreur de rester dans l'enfer de la guerre, de la peur et de la terreur…

Plusieurs familles viennent demander des habits, des matelas, des couvertures, des oreillers, des serviettes, du savon… Nous les accueillons, nous les accompagnons et nous répondons à leurs besoins…

Les espaces vides de la communauté sont tous remplis… Nous décidons de libérer les deux locaux scouts et de construire 4 douches et 4 toilettes…

Avec Caritas et les responsables de Sallet el Jabal, nous avons organisé une célébration eucharistique, suivie d'une distribution d'argent et de bons d'achat de sous-vêtements et d'habits neufs. La majorité des familles participent à l'Eucharistie, communient, prient et accompagnent la chorale de la paroisse… Que deviendront les deux Églises du quartier ?

Sallet al Jabal, le panier de denrées alimentaires, que nous avons distribué mensuellement depuis août 2012, sera prêt dans une semaine… Les gens en ont besoin…

Mardi de Pâques, une surprise, Ghalia, la maman de 7 enfants dont le plus âgé a 9 ans et qui se trouvait dans une des écoles, vient chez nous… Elle a cherché à nous rejoindre… Nous l'accueillons… Quelques jours après, une autre famille arrive avec 11 enfants… Tous seront logés et accueillis…

Nous achetons une machine à laver, nous ajoutons 4 réservoirs d'eau à ceux qui existaient déjà, nous achetons des habits, des sous-vêtements, des savates, des oreillers, des matelas…

Le projet « Apprendre À Grandir » est lui aussi déplacé… Il revient dans les locaux de la communauté… Les enfants reviennent en nombre… Ils ont besoin d'espace, ils ont besoin de dessiner, de jouer, de se raconter…

Nous installons un point médical… Une consultation quotidienne… Les médicaments sont gratuits…

Et que dire de demain ?

Toutes les familles de « Jabal Al-Saydé » posent cette question… Nous la posons avec eux… Nous ne nous lassons pas de répéter qu'il est entre les mains de Dieu. Faut-il espérer un possible retour au quartier ? Faut-il rêver ? Beaucoup de voix annoncent la fin prochaine de la guerre mais que de fois ces espoirs ont été vains… Est-ce vrai que le provisoire dure ? Et si ce provisoire devenait un non-retour ?

Pour nous, « Maristes Bleus », nous aurons toujours cette main tendue pour vivre une solidarité évangélique, une solidarité qui annonce et témoigne de l'amour de Dieu pour tout homme et toute femme… Ensemble nous chercherons à construire une paix, la paix d'un matin de Pâques…

Lettre d'Alep n° 11 (7 juin 2013)
par frère Georges SABÉ

« Maman, quand va-t-on rentrer chez nous ? » Fouad, le petit de quatre ans, lance cette question à sa maman, juste avant de lui dire bonne nuit…

Et Lina, la maman, passera toute la nuit en pleurant et se posant la même question.

Mais à qui adresser cette question ? Qui peut ou ose donner une réponse ? Qui peut proposer une date ? Et pourtant, parmi les déplacés, les rumeurs circulent vite et en vain. « On nous a dit dans deux jours… On nous a dit dans une semaine… Bientôt… ». Un bientôt qui devient un mois, puis un autre mois et qui sait combien encore ?

En accompagnant les familles déplacées, nous, les « Maristes Bleus », ne cessons d'écouter avec notre cœur leurs plaintes, leurs inquiétudes, leurs souffrances…

Et nous n'avons aucune autre réponse que celle de la compassion… Nous sommes présents… Nous écoutons… Nous essayons de rendre leur quotidien aussi acceptable que possible… Nous sommes à leur disposition…

Au moment où j'écris cette 11e lettre, cela fait déjà deux mois et demi que les familles ont quitté leur maison du quartier de Jabal Al-Saydé.

Les 300 familles, que nous soutenions avec le Panier de la Montagne (Sallet al Jabal), sont dispersées en ville… Certaines logent chez les Maristes, d'autres chez des parents… et certaines errent d'une maison à une autre… Je pense en particulier à cette famille de 7 personnes qui n'a toujours pas trouvé une maison pour se regrouper : le papa dort à un endroit, la maman avec quelques enfants chez un parent, la tante avec d'autres enfants ailleurs… La guerre n'est pas uniquement une affaire de bombes, de tueries… C'est une machine qui détruit la personne et la famille… Elle isole, elle sépare, elle ne crée pas des liens.

Alep se réveille et s'endort sur des coups de rafales, des colonnes de fumée, autant de signes qui disent que la guerre est là, toute proche, à deux pas…

Sur le plan sécuritaire, le mois passé a été marqué par l'enlèvement de deux évêques orthodoxes qui voyageaient pour négocier la libération de deux prêtres enlevés eux aussi il y a environ trois mois. Quarante jours après, nous n'avons aucune nouvelle d'eux. Les enlèvements créent une situation de peur et d'angoisse chez beaucoup de gens qui se voient obligés de fuir le pays…

Lors de l'angélus du 2 juin 2013, le pape François a exprimé sa « vive inquiétude » pour le conflit syrien et pour les victimes prises en otages. Il en a appelé à « l'humanité des ravisseurs » afin qu'ils libèrent les personnes enlevées.

Sur le plan économique, le pouvoir d'achat ne cesse de baisser. Les prix flambent et sont multipliés par deux ou trois. Les denrées alimentaires et les besoins de première nécessité sont inaccessibles à beaucoup de gens. Les salariés trouvent que leur revenu a perdu énormément de sa valeur. Un kilo de pain est passé en quelques mois de 15 livres syriennes à 90 et parfois à 100 livres.

L'électricité est sévèrement rationnée : deux à quatre heures par jour. L'eau est assurée pour le moment. L'essence, le gaz et le mazout sont des produits rares et très chers. Certains médicaments se raréfient. Une épidémie d'hépatite se répand. Et avec l'été qui s'approche, on craint l'apparition de certaines maladies comme le choléra ou la leishmaniose.

Les gens sont, hélas, résignés…

Les familles qui vivent chez les Maristes bénéficient toujours de l'accueil et des attentions médicales et psychologiques nécessaires. Nous sentons, qu'après deux mois de déplacement, les besoins de sécurité et d'espérance pour l'avenir sont énormes. À ces 80 personnes, est venu s'ajouter un groupe de jeunes filles, étudiantes en baccalauréat (examen officiel de fin d'études secondaires). Effectivement, ces jeunes filles viennent d'un quartier où il n'est pas possible de présenter les examens. Nous les avons accueillies et nous leur offrons le logement, les repas et nous leur assurons les conditions optimales pour bien préparer et présenter les examens.

Les 300 familles déplacées de Jabal Al-Saydé ont reçu ce mois-ci 3 aides substantielles : un panier hygiénique, des vêtements et des chaussures neufs et le panier alimentaire.

En plus, nous avons distribué un panier alimentaire consistant à 75 familles que nous soutenions depuis longtemps.

Tous les lundis, une dizaine de familles déplacées qui logeaient dans les écoles de Jabal Al-Saydé, et qui sont dispersées en ville, viennent recevoir un panier alimentaire et hygiénique adapté à leurs besoins. Elles sont reconnaissantes, surtout pour le lait et les couches…

Nous, les « Maristes Bleus », préparons des activités d'été pour 50 adolescents. Il s'agit d'un programme que nous avons appelé « SKILL SCHOOL » permettant aux jeunes de se retrouver et de développer leurs capacités. Un frère et plusieurs jeunes animent ce projet.

Les responsables de « Apprendre À Grandir » ont prévu de continuer leur activité durant tout l'été. Là aussi, 40 enfants, en âge préscolaire, bénéficient de ce projet.

Je termine avec les paroles du pape, lors de l'angélus du 2 juin.

« Cette situation tourmentée de guerre porte en elle des conséquences tragiques : mort, destruction, dommages économiques et environnementaux considérables, mais aussi la plaie des enlèvements », a-t-il poursuivi en en appelant « à l'humanité des ravisseurs afin qu'ils libèrent les victimes ».

Assurant de sa « prière » et de sa « solidarité » pour les personnes enlevées et pour leurs proches, il a encouragé la foule à « prier toujours pour notre bien-aimée Syrie », où la population « aspire à la paix dans la justice et dans la compréhension ».

Le pape a cependant conclu sur une note positive : « Il y a tant de situations de conflits dans le monde, mais il y a aussi tant de signes d'espérance ».

Nous, « Maristes Bleus », nous voulons, par notre action, être un de ces signes.

Lettre d'Alep n° 12 (17 juillet 2013)
par Nabil ANTAKI

Où en est-on deux ans et demi après le début des événements en Syrie et un an exactement après le début de la guerre à Alep ? se demandent nos amis de l'étranger.

Au niveau national, rien n'a changé, les deux parties continuent à s'affronter sans vainqueur ni vaincu avec comme bilan 100 000 tués, un million de réfugiés dans les pays voisins, 2-3 millions de déplacés internes, des centaines de milliers d'émigrés, une économie en ruine, un confessionnalisme et un extrémisme florissants et aucune lueur d'espoir d'un règlement du conflit. À la suite de la reprise de Qoussair (petite ville du centre de la Syrie) par l'armée syrienne et la défaite des rebelles là, les leaders du monde occidental ont déclaré que la chute de Qoussair montre que l'équilibre des forces a penché du côté gouvernemental et qu'il leur faudra armer les rebelles pour rétablir l'équilibre !! Très beau programme : on ne cherche pas à vaincre, on ne se résigne pas à la défaite, on veut rétablir l'équilibre pour que les deux parties continuent à se battre encore… jusqu'au dernier Syrien ?

À Alep, la situation militaire est au statu quo ; la dernière bataille a eu lieu il y a cent jours avec la prise du quartier de Cheikh Maksoud (Jabal Al-Saydé) par les rebelles. Depuis, il n'y a pas de combats mais des bombardements de part et d'autre.

Par contre, la situation humanitaire est catastrophique avec 2 faits importants :

– Le blocus d'Alep[3] dure depuis maintenant quinze jours ; blocus des personnes, nul ne peut sortir de la ville pour aller ailleurs, dans d'autres villes syriennes ou voyager à l'étranger. Blocus des marchandises, rien ne peut entrer à Alep. Il n'y a plus de légumes, de fruits, de lait, du fromage, de la viande, poulet ou poisson, pas d'essence, pas de fioul, pas de gaz (pour la cuisine) et très peu de pain. Il reste uniquement des denrées non périssables chez les épiciers comme le riz, le *bourghol*, les lentilles, les boîtes de conserve… mais à des prix astronomiques, inabordables pour la majorité. Il faut dire qu'un dollar se changeait à 50 livres syriennes avant les événements, à 180 £ il y a un mois et il est à 300 £ aujourd'hui. La cuisine de la société caritative Al Ihssan qui fournissait quotidiennement des repas à 35 000 déplacés a fermé faute de gaz et celle de JRS, qui fournit 15 000 rations quotidiennes, fermera bientôt. 50 000 déplacés seront privés de nourriture. Sans essence, les voitures ne roulent plus, la marche forcée est devenue le sport des Alépins ; ce serait bon pour la santé si la température moyenne n'était pas de 40° ! Les habitants ont attendu en vain les protestations de l'opinion occidentale (si prompte à protester pour le moindre délit) et les pressions de ses dirigeants sur les rebelles pour lever le blocus. Il ne s'agit plus d'un problème militaire ou politique, mais d'une cause humanitaire. Affamer une population de deux millions de personnes équivaut logiquement à un crime contre l'humanité pour ceux qui croient à la paix et la justice. Se taire, c'est accepter la règle des politiciens occidentaux de deux poids, deux mesures ;

– Les tirs de mortiers : tous les jours, des obus de mortiers tombent sur les quartiers habités, surtout par les chrétiens. Tirés par les rebelles, de fabrication artisanale, ils font

---

[3] Au moment de l'envoi de cette lettre, il semble que le blocus s'est un peu allégé ou est un peu contourné.

quand même quelques tués et des dizaines de blessés souvent graves. La semaine dernière, un jeune de 14 ans, scout de la troupe des « Frères Maristes », est mort d'un éclat d'obus dans la tête alors, qu'il était chez lui ; une fille de 8 ans a aussi reçu un éclat dans le cerveau ; une jeune de 30 ans, coiffeuse, a eu une main arrachée et a dû être amputée ; un homme de 70 ans a été blessé à la colonne vertébrale alors, qu'il sortait de la messe ; quelques exemples parmi tant d'autres drames.

Dans ce contexte de violence, de privation, de désolation, de souffrances et de désespoir, nous continuons, nous, les « Maristes Bleus », à travers notre présence, notre résistance, notre accompagnement, notre aide et notre solidarité à être, pour les gens, une petite lueur d'espoir dans les ténèbres qui nous entourent. « Tiens, vous êtes encore là, vous n'avez pas quitté comme les autres ? » Et nous poursuivons notre action avec les déplacés, les démunis et les blessés.

Je voudrais d'abord vous présenter un projet déjà entrepris dont nous ne vous avions jamais fait part. C'est le projet « Civils blessés de guerre ». Il s'agit de soigner (gratuitement) les civils atteints par des blessures de guerre (balles, éclats d'obus…) et qui n'ont pas les moyens de se soigner dans les hôpitaux privés. Ces gens sont emmenés habituellement dans les hôpitaux publics (il n'en reste que 2, les autres ayant été détruits ou hors d'usage) qui manquent cruellement de médecins, d'infirmières et de matériel médical. Les soins y sont de qualité médiocre et la mortalité élevée. Nous transférons ces blessés à l'hôpital Saint Louis (le meilleur d'Alep) où ils sont opérés et soignés avec les meilleures chances de survie. Les médecins et chirurgiens de l'hôpital (les plus compétents de la ville) offrent leurs services gratuitement et les Sœurs de Saint-Joseph-de-l'Apparition, propriétaires de l'établissement depuis sa fondation en 1925, outre leur amour et des soins de nursing de qualité, offrent une réduction substantielle pour les frais d'hospitalisation. Les civils démunis soignés dans d'autres hôpitaux sont aussi pris en charge par le projet. Nous avons pu ainsi sauver jusqu'à présent 18 civils blessés de guerre. Ce projet avait été initié par les « Maristes Bleus » il y a plusieurs mois et financé par une organisation internationale qui a décidé d'arrêter le financement il y a deux mois. Nous, les « Maristes Bleus », l'avons pris en charge entièrement avec la collaboration des médecins de l'hôpital et les Sœurs.

Comme avant, les déplacés ont toujours toute leur place chez nous, les « Maristes Bleus ». Vingt-trois familles chrétiennes déplacées (notre capacité d'accueil maximale) de Jabal Al-Saydé logent chez les Frères ; elles sont prises en charge complètement : nourriture, logement, vêtements, soins médicaux, accompagnement psychologique, etc.

Les autres familles du Jabal viennent souvent chez nous demander une aide, un conseil, des médicaments, des habits ou pour rendre visite.

Les familles musulmanes ex-déplacées des écoles de Cheikh Maksoud viennent tous les lundis recevoir un panier alimentaire.

Nous accueillons toujours 20 jeunes filles musulmanes universitaires (auparavant, nous avions des jeunes filles venues présenter le baccalauréat) qui habitent les zones occupées par les rebelles et qui sont en ville pour passer leurs examens.

Nous poursuivons notre projet « le Panier de la Montagne » qui en est à son 12e mois. Un panier alimentaire mensuel suffisant pour nourrir une famille pendant un mois est distribué à 300 familles parmi les plus pauvres d'Alep.

Les différents projets de notre association « L'Oreille de Dieu » continuent. Soixante-dix familles du quartier Midane que nous accompagnions bien avant les événements reçoivent toujours une aide alimentaire mensuelle et des soins médicaux gratuits.

« Apprendre À Grandir » pour les petits de 4 à 7 ans, avec ses 8 monitrices, continue à rendre heureux une quarantaine d'enfants. « Skill School » pour les adolescent(e)s fait le bonheur de 30 garçons et filles. Et finalement, « Tawassol » est destiné à deux groupes de six adultes chacun pour leur apprendre l'informatique, une langue étrangère et la pédagogie.

Nos locaux sont pleins de vie : les déplacés qui y logent, les déplacés en visite, les demandeurs d'aide, les enfants de « Apprendre À Grandir », les jeunes de « Skill School », les adultes de « Tawassol », parfois les scouts de la troupe Champagnat et les malades qui viennent consulter au point médical ouvert tous les après-midis ; avec en arrière-fond, le bruit du canon qui tonne et des balles qui sifflent. Sans oublier le camion-citerne qui se met au milieu de la cour pour remplir tous les jours nos réservoirs d'eau et notre camionnette qui rentre plusieurs fois par jour pleine de denrées et de marchandises (celles qu'on trouve) achetées ou reçues.

Le soir, vers 21 heures, quand le calme revient, nous nous réunissons pour évaluer notre journée, prendre les décisions, répondre au courrier et partager. Et avec vous, je voudrais partager quelques beaux gestes de solidarité que nous avons vécus récemment.

- Y. S., un jeune de 19 ans est transféré, dans un état critique, à l'hôpital Saint Louis, atteint par une balle qui lui a perforé un poumon, la trachée et le cou. Mis sous ventilation assistée aux soins intensifs, il a été opéré d'urgence par le plus grand chirurgien thoracique d'Alep (qui fait partie de l'équipe du projet « Civils blessés de guerre » et qui ne touchera donc pas d'honoraires). Son état s'est amélioré mais restait critique. Ce soir-là, le chirurgien et le médecin réanimateur ont refusé de rentrer chez eux et ont passé la nuit à l'hôpital pour être présents si la situation du jeune malade se détériorait la nuit.

- G. Z., déplacé de Jabal Al-Saydé, sans travail, et qui loge avec sa famille de 5 personnes chez nous à la communauté, a reçu un don de 4 000 £ de son église. Cette somme est à peine suffisante pour les petites dépenses quotidiennes de la famille. Il a voulu nous en donner 1 000 £ pour participer à l'achat de pain qui a atteint des prix vertigineux à cause du blocus.

Voilà où nous en sommes. Nous essayons de résister malgré tout ; résister après exactement un an, 365 jours, de guerre. Résister au pessimisme, à la fatigue, au découragement et à l'extrémisme. Comme disait notre grand ami Jean Debruynne[4] : « Résister, c'est ne jamais renoncer à guetter le soleil par l'ouverture d'une bouche d'égout » ou encore, « Résister, c'est être assez têtu pour voir se lever le jour derrière les barbelés ».

---

[4] Jean Debruynne était prêtre de la Mission de France. Poète et auteur, il avait accompagné de nombreux mouvements dont les Scouts et Guides de France, Partage et Rencontre, etc.

Lettre d'Alep n° 13 (26 août 2013) par frère Georges Sabé

Cette lettre sera-t-elle un faire-part de décès ?

Pour ceux qui vivent en Syrie et pour tous ceux qui suivent de près les nouvelles, ils savent très bien que de Syrie, il ne vient plus que des annonces de mort : des enfants, des adultes, des jeunes, des femmes, des hommes… Tout le monde est menacé, attaqué, pris au piège, assassiné, enlevé, tué, massacré…

Rien, pas une bonne nouvelle, pas une nouvelle qui apporte une lueur d'espoir, pas un mot… rien, rien d'autre que l'ombre de la mort qui rôde et rafle les corps et les âmes…

Nos cérémonies sociales sont les enterrements…

Nos lieux de rencontres sont les églises ou les mosquées…

Nos prières sont pour les défunts…

Nos salutations : « *Allah yrhamna* » (Que Dieu ait pitié de nous)…

Faut-il peindre un tableau aussi noir, un tableau de peur et de honte pour que les autres aient pitié de nous ?

Jusqu'à quand pourrions-nous résister ? Pourquoi continuer à rester dans le pays ? Qu'est-ce qui nous attend demain ? Quel sera notre destin ? Où sera notre prochaine destination ? Comment protéger nos enfants ? Où aller avec nos personnes âgées ou malades ? Ceux qui ont fui l'enfer, sont-ils plus heureux que nous ? Qui a permis que nous subissions l'horreur ? Qui en est le mandataire ? Pourquoi nous ? Pourquoi toute cette obstination à transformer l'homme et la femme que nous sommes en objets de tuerie ?

Où puiser un mot d'espérance ? Quels mots de consolation ?

Quel habit choisir autre que le deuil ?

Quelles larmes verser autres que celles de l'adieu ?

Adieu, mon pays ; Adieu, mon chéri ; Adieu, mon amour ; Adieu, mon fils ; Adieu, ma fille ; Adieu, papa ; Adieu, maman…

Sommes-nous devenus une parole d'adieu ?

Samedi 10 août, la haine et la violence ont atteint les « Maristes Bleus » de plein fouet en ôtant la vie du Dr Amine Antaki, un Mariste, un vrai, un engagé, un homme de service et de bonté. Dr Amine rentrait à Alep après un court séjour chez ses enfants. Il revenait au pays pour ses malades et pour ceux qui avaient besoin de lui. Pour lui et pour tant d'autres tués aveuglément et gratuitement, notre cœur de Maristes saigne…

De plus en plus, le peuple innocent et appauvri paie très cher le prix d'un blocus international et local. La ville d'Alep continue à être divisée… La seule perspective des habitants est de savoir si on peut aujourd'hui s'approvisionner en pain, en eau, en denrées périssables, en lait pour les enfants… Il faut dire que demain n'est plus dans notre imaginaire… c'est uniquement l'aujourd'hui. Demain est tellement loin et peut-être tellement différent qu'il n'existera plus pour beaucoup d'entre nous.

Nous sommes face à d'autres grandes questions : l'hiver et la rentrée scolaire. Ils approchent à grands pas… Ceux qui sont logés dans des écoles publiques seront-ils obligés de vider les lieux, de se déplacer de nouveau, de partir ?…

Les parents ont peur d'envoyer les enfants en classe… Quelle sécurité leur est-elle assurée ? Si un mortier venait à tomber sur une des écoles… Si les routes sont bloquées…

Devant ce tableau sombre, les « Maristes Bleus » se battent pour rester, dans la mesure du possible, une oasis…

Les gens viennent chez nous pour partager leur souci, demander un conseil, calmer leur corps et leur esprit, savoir qu'il est encore possible de compter sur quelqu'un… Certains mettent plus de deux heures pour arriver.

Les 40 enfants du projet « Apprendre À Grandir » viennent de prendre 3 semaines de vacances. Ceci permettra aux institutrices de souffler, de se former et de se mettre à jour pour affronter une nouvelle année scolaire… Afin d'aider les parents à organiser ce temps de vacances, nous leur avons proposé deux jours de formation.

Les jeunes du projet « Skill School » continuent… Ils préparent une fête pour célébrer avec leurs parents la fin des activités d'été.

Pour que l'horizon ne soit pas complètement fermé et pour qu'ils gardent confiance en des jours meilleurs, nous venons de lancer un nouveau projet… C'est ainsi que « I learn english » a démarré. Il concerne la dizaine de jeunes adolescents qui sont logés chez les Maristes…

Dimanche passé, les « Maristes Bleus » ont partagé la joie de la célébration de la communion solennelle d'une douzaine d'enfants déplacés de Jabal Al-Saydé.

Bien que les denrées alimentaires se fassent de plus en plus rares (l'huile, le fromage, le lait sont presque inexistants et si on les trouve, ils sont à des prix exorbitants), nous luttons pour continuer à assurer les paniers alimentaires hebdomadaires ou mensuels pour « Sallet el Jabal », « Oreille de Dieu » et les déplacés.

Nous avons ajouté aux paniers alimentaires du pain qui n'est accessible aux familles qu'après une longue attente, parfois une journée entière, devant la boulangerie dans des queues interminables au risque d'être blessées par des tirs ou des obus.

Le projet « Civils blessés de guerre » continue à sauver des vies innocentes qui subissent les conséquences de cette folie.

Nous voulons terminer avec le vœu que le pape François a formulé lors de l'angélus du dimanche 25 août 2013 : « Que cesse le bruit des armes en Syrie ».

Ils ont tué mon frère
Texte de Nabil ANTAKI (20 août 2013)

Mon frère aîné Amine était un gynécologue réputé en Syrie. Il s'était spécialisé en infertilité et stérilité. Il était très compétent et très renommé. Les couples sans enfants venaient le voir de toutes les régions de la Syrie et même des pays avoisinants à la quête d'un traitement pour avoir une progéniture. Il était très gentil avec tout le monde, très proche de la famille, très affable avec ses amis et très généreux. Ses deux enfants étaient partis au Canada poursuivre leurs études, puis ils s'y sont installés. Depuis, Amine et sa femme leur rendaient visite une fois l'an et les enfants venaient aussi en Syrie de temps en temps. Quand la guerre a commencé en Syrie, 60 % des médecins ont fui le pays. Amine a décidé de rester sur place. Il continuait à voir ses malades bien que leur nombre ait considérablement baissé à cause de la guerre. Il prenait soin de notre maman qui vivait, seule depuis le décès de papa, dans le même immeuble que lui et de sa belle-mère, elle aussi veuve.

Amine et sa femme sont partis, en juin, rendre visite à leurs enfants et petits-enfants. Ils ont passé du bon temps en famille. Ils se sont reposés, puis est arrivé le moment du retour. Amine était heureux avec ses enfants et n'avait pas envie de rentrer. Était-ce un signe prémonitoire ? Il a repoussé une fois la date du retour, puis s'est résigné à rentrer parce que le devoir l'appelait ; entre autres, il devait être à côté de maman pendant que je quittais pour le Liban pour participer à un évènement familial.

Amine et sa femme s'envolent pour Beyrouth. Là, ils prennent le bus pour Alep, un bus civil rempli de civils. On leur a donné les deux 1ers sièges derrière le chauffeur. Sur cette fameuse route de Khanasser, un groupe de terroristes avait bloqué la route avec des rochers et pendant que le bus freinait à mort, des balles sont tirées sur le bus. Amine reçoit une balle en plein front. Il a été le seul à être atteint. Le bus stoppe. Sa femme l'allonge dans l'allée centrale du bus. Il saignait abondamment. Un terroriste monte et hurle pour que tout le monde descende. Les passagers ont senti arriver leur dernière heure, ils s'exécutent. Ma belle-sœur dit au terroriste : « Mon mari est blessé, je reste là ». Il la pousse dehors sans ménagement. Les passagers, tétanisés, se mettent en un seul rang devant le bus pendant que mon frère saignait dans le bus, couché dans l'allée. Puis le chef des terroristes se met devant le groupe, au milieu, les invective, puis commence à tirer des rafales de sa mitraillette d'abord par terre devant les passagers, puis en l'air au-dessus de leur tête. Enfin, on leur permet de remonter dans le bus.

Amine, à demi-conscient, continuait à saigner. Le bus reprend la route dans une région semi-désertique. Il s'arrête à un check-point de l'armée syrienne : interdiction de poursuivre, la route n'est pas sûre. Amine, toujours allongé dans l'allée centrale, continue à saigner. Il n'y a aucun point médical avant Alep. On supplie l'officier de laisser le bus continuer sa route, rien n'y fait.

Entre-temps, nous, à Alep, n'avons aucune nouvelle, nous ne savons rien de ce qui s'est passé ; les communications par téléphones cellulaires ne fonctionnant pas dans la région de Khanasser. Nous sommes inquiets parce que le bus était en retard.

Ce n'est que vers 20 heures qu'on permet au bus de reprendre la route. Nous avons, finalement, reçu des nouvelles. L'ambulance était prête à l'entrée d'Alep. Aussitôt arrivés, nous prenons Amine à l'hôpital où nous attendaient les médecins et chirurgiens. Mais Amine était déjà mort quand il est arrivé.

Terroristes, pourquoi avez-vous tiré sur un bus civil ? Tuer un civil avance-t-il votre cause ? La démocratie et la liberté n'ont rien à voir avec vous, bande de criminels. Savez-vous qui vous avez tué ? Peut-être que la maman de l'un de vous avait été traitée par mon frère Amine pour tomber enceinte, bande d'assassins.

Lettre d'Alep n° 14 (10 octobre 2013) par Nabil ANTAKI

Un statu quo précaire règne à Alep depuis quelques semaines, concomitamment avec la décision de suspendre les frappes aériennes qu'on devait nous infliger pour « punir » le régime d'avoir utilisé des armes chimiques. Vouloir « punir » le régime en tuant des jeunes conscrits (se trouvant sur les sites visés) ou des civils (par les bombes dites intelligentes qui manquent souvent leurs cibles comme on l'a vu ailleurs) et en bombardant une infrastructure déjà largement détruite par 2 années et demie de guerre. Quelle bêtise ! Les Alépins ont trouvé cette farce grotesque et, en d'autres circonstances, en auraient ri. Comme si la crise syrienne avait commencé avec les armes chimiques et prendrait fin avec leur destruction. Heureusement que l'accord, qui a permis de sauver la face des va-t-en-guerre occidentaux, semble être l'amorce d'un processus de paix négociée. Depuis donc cet accord, il n'y a presque plus d'action militaire en ville, si ce n'est le bruit continu mais lointain des canons d'une part et les batailles à la campagne entre les bandes armées rebelles, le groupe islamiste le plus extrémiste prenant le dessus et exécutant les dirigeants de l'ASL, d'autre part.

Quant à la vie de tous les jours à Alep, elle est moins difficile qu'avant. Il y a toujours un rationnement de l'eau, de l'électricité et du pain, mais il semble que les Alépins se soient habitués à cet état et ont organisé leur vie en conséquence. Les déplacés, qui s'étaient réfugiés dans les écoles, ont été évacués et les écoles ont ouvert leurs portes. Quant au blocus qui dure depuis maintenant trois mois, il est devenu moins pénible grâce à un nouveau métier : le *maabarji* est celui qui traverse le *maabar* ou le point de passage entre les 2 zones. Les rebelles, qui ont imposé le blocus, laissent passer les piétons (par milliers tous les jours et dans les 2 sens). Ils leur permettent d'emporter avec eux autant de petits sacs noirs en plastique que peuvent porter leurs deux mains (les marchandises en camion sont interdites de rentrer). Alors, chaque personne rentre avec un sac de 1 kg de tomates, un autre de concombres, un 3e de raisins, etc. Une fois dans Alep, le *maabarji* remet ses sacs à un associé et retraverse pour revenir avec d'autres sacs. Et comme 1 kg plus 1 kg peuvent faire des dizaines de kilos, tous les trottoirs d'Alep sont envahis par les étals de marchands, s'approvisionnant chez les *maabarjis*, qui vendent leurs produits à des prix exorbitants vu le nombre d'intermédiaires et le bakchich qu'on doit payer à ceux qui gardent le point de passage. Le ravitaillement est devenu, pour les bandes armées, un business très lucratif. Mais les deux millions d'Alépins, déjà très appauvris par la guerre, paient les produits 5 fois plus chers que les mêmes produits se trouvant de l'autre côté du *maabar*. La majorité des habitants circulent à pied. La circulation des voitures est très difficile vu que les trottoirs sont envahis par les marchands, la chaussée par les piétons, et les voitures slalomant entre eux.

L'essence, le fioul et la farine sont toujours interdits de passage. J'ai pu remplir le réservoir de mon générateur de 1 000 litres de fioul que le *maabarji* a fait passer, en plusieurs passages, dans 100 sacs de plastique transparents de 10 litres chacun les faisant passer pour du vinaigre !! Nous sommes restés sans téléphone pendant trois semaines et sommes sans Internet depuis six semaines et le blocus des personnes est en vigueur depuis quarante-cinq jours, personne ne peut entrer ou sortir d'Alep sans risquer sa vie. On nous promet une amélioration avec l'ouverture d'une nouvelle route qui contournerait les zones tenues par les rebelles et par laquelle sera acheminé tout ce qui manque et permettra le voyage des habitants.

Nos activités, avec les « Maristes Bleus », continuent de plus belle. Nous avons décidé, début septembre, de loger en ville les familles déplacées de Jabal Al-Saydé qui s'étaient réfugiées chez nous en fuyant leur quartier envahi le Vendredi saint par les rebelles. Et ce, pour 2 raisons : nous avons estimé qu'il était temps, pour ces gens, de vivre en famille alors qu'ils logeaient chez nous, depuis cinq mois, dans des dortoirs séparés et puis, la maison des Maristes étant loin des écoles de leurs enfants, nous avons jugé qu'avec la rentrée scolaire, il serait préférable qu'ils habitent près des écoles des enfants, le ramassage scolaire n'existant plus. Nous leur avons payé le loyer (pour six mois) des petits appartements meublés (rudimentairement) qu'ils avaient trouvés.

À partir du 1er octobre, nous avons organisé notre action et nos activités autour de deux axes :

1- Les activités de secours : Notre programme d'aide aux déplacés de Jabal Al-Saydé se poursuit. Le 14e Panier de la Montagne a été distribué aux 300 familles vendredi 4 octobre. Une distribution de vêtements d'hiver (nos déplacés avaient quitté fin mars leurs appartements n'emportant avec eux que les habits de printemps qu'ils portaient) est prévue pour fin octobre. Début novembre, nous leur donnerons des chaussures et des bombonnes de gaz (indispensables pour la cuisine). Nous avons offert les fournitures ainsi que les livres scolaires aux enfants. Nous n'oublions pas nos protégés du quartier Midane qui reçoivent aussi un panier alimentaire mensuel. Nous distribuons tous les midis un repas chaud à 250 personnes dans le besoin. Et nous poursuivons notre projet « Civils blessés de guerre » pour traiter gratuitement les civils atteints par des actes de guerre et qui n'ont pas les moyens de se faire traiter à leurs frais.

2- Les activités pédagogiques : Maintenant que nos locaux sont redevenus disponibles avec le départ de nos déplacés et pour revenir à la principale mission des Maristes qui est l'éducation des enfants, surtout les plus défavorisés, nous avons développé nos activités pédagogiques pour répondre aux immenses besoins créés par la guerre. « Apprendre À Grandir » s'est agrandi et a maintenant un frère jumeau. Il s'occupe des enfants d'âge préscolaire, de 3 à 6 ans, par l'éducation, l'instruction et la santé. Le projet initial continue toutes les après-midi de 15 heures à 19 heures avec 55 enfants des familles pauvres ou déplacées. Le nouveau projet a lieu tous les matins de 9 heures à 12 h 30 avec 100 enfants des familles des déplacés des écoles. En parallèle, le matin, un nouveau projet « Je veux Apprendre » va démarrer et qui visera 50 enfants déplacés en âge scolaire, de 7 à 13 ans, mais qui ne vont pas à l'école, pour leur apprendre au moins à lire, écrire et compter. Le programme « Tawassol » continue 4 matinées par semaine et vise à donner aux mamans, de 20 à 35 ans, des cours d'anglais, d'informatique, de pédagogie et de travaux manuels pour leur permettre, en plus de s'épanouir, de suivre les enfants dans leurs leçons ; L'anglais et l'ordinateur sont maintenant dans le programme scolaire depuis la douzième. Enfin, le programme « Skill School » est poursuivi certains après-midis pour les adolescent(e)s. Leur nombre dépasse maintenant la cinquantaine.

J'aimerais souligner que nos différents programmes sont tous destinés aux familles défavorisées et/ou déplacées et sont entièrement gratuits.

Nous avons encore d'autres projets que nous aimerions réaliser. Mais malgré les 42 bénévoles, les 6 salariés (chauffeur, responsable des achats…) et les 9 membres de notre équipe (3 Frères maristes, 6 laïcs : 4 femmes et 2 hommes), nous manquons de moyens humains.

Voilà où on en est. Nous sommes un peu plus optimistes qu'il y a deux mois, mais nous avons hâte que la guerre cesse. Avec les Maristes du monde entier, notre devise pour cette année est « Semer l'Espérance ».

En terminant, nous voulons remercier tous les amis qui nous soutiennent par leur amitié, leurs messages, leurs prières et leurs dons.

Lettre d'Alep n° 15 (11 décembre 2013)
par frère Georges Sabé

L'enfant qui nous est donné !

Aujourd'hui, le 11 décembre 2013, est un jour bien spécial… Alep est recouverte d'un manteau blanc ! Les écoles sont fermées, beaucoup de gens sont restés chez eux, certains enfants et jeunes ont profité pour jouer et se divertir, oubliant l'espace d'un jour une réalité de plus en plus obscure et incompréhensible…

À l'occasion de Noël, l'enfant syrien nous interpelle…

« J'ai besoin… J'ai besoin de chaussures… J'ai besoin d'un pull… J'ai besoin d'une couverture… J'ai besoin d'un bol de lait… J'ai besoin de me chauffer… J'ai besoin de me nourrir… »

Tous ces cris, nous les entendons des bouches d'enfants qui viennent chez nous tous les jours.

Des enfants de familles déplacées… ou de familles démunies… Des enfants de tout âge, des enfants qui viennent nous trouver avec leurs parents…

Des enfants qui ne vont pas à l'école… qui n'ont pas accès à la scolarisation…

Leurs écoles ont été détruites ou occupées…

Des enfants qui ne savent même pas lire ou écrire… Des enfants abandonnés, des enfants qui vendent du pain sur les trottoirs…

Des enfants qui crient de joie et d'étonnement lorsqu'en rentrant chez eux, ils découvrent que le courant électrique est rétabli : « Nous pouvons enfin voir des bandes dessinées… ».

Des enfants qui portent le souci des adultes : « Tu sais, maman n'a pas pu me laver le visage, il n'y avait pas d'eau chez nous… »

Des enfants qui vivent déjà dans la nostalgie du passé… Fadi dit à son papa qui lui explique le passé composé… « Papa, le passé composé, c'est comme notre maison où nous ne reviendrons plus… »

Des enfants qui sont inquiets… qui se demandent s'ils vont pouvoir revoir les personnes ou les lieux qu'ils chérissent…

Des enfants qui ne veulent pas quitter leurs parents… Et des parents qui ne veulent pas non plus abandonner leurs enfants… Quelle angoisse quand tous les matins, les enfants doivent aller à l'école : et si quelque chose leur arrive, et si quelque chose les empêche de revenir à la maison…

Des enfants qui rassurent les adultes en leur disant : « Ne t'inquiète pas, ce bruit que tu entends est une balle… une bombe… une explosion ou un missile… »

Des enfants qui veulent nous exprimer leur joie de vivre malgré la souffrance des adultes…

Ils nous demandent un espace de paix, un espace de bonheur… un espace de tendresse… et tout simplement un espace de jeu…

Des enfants qui entendent leurs parents répéter : « Que Dieu vous protège… »

Dans les yeux de ces enfants, nous lisons la misère et une extrême détresse…

Ils représentent des milliers d'enfants résidant en Syrie ou se retrouvant dans des camps de réfugiés dans les pays avoisinants…

Nous ne pouvons pas ne pas penser à chacun d'eux en ce jour où la neige couvre tout le Moyen-Orient…

Ils nous invitent à bouger notre vie, à nous déplacer, à sortir de nous-mêmes, à aller à leur frontière…

L'urgence ne pouvait pas attendre, il fallait risquer un geste, dire un mot autre que celui d'avoir pitié, il fallait agir… il fallait inventer, créer et faire naître…

Pour eux, sont nés des projets, se sont dévoués des bénévoles, ont été lancés des programmes…

Nous, Les « Maristes Bleus », avons rêvé pour eux d'un autre monde que celui dans lequel ils baignent… Avec vous et grâce à votre solidarité, votre appui et vos paroles d'encouragement, le rêve est devenu une réalité…

Et cette réalité a grandi avec le nouveau projet M. I. T. (Marist institute for training)… un centre de formation pour permettre à des personnes entre 20 et 45 ans de se former, d'acquérir des compétences et d'ajouter à leur CV des formations importantes et dans des domaines bien différents. En 6 semaines, nous avons déjà organisé 3 sessions de douze heures chacune et 3 conférences de deux heures autour de thèmes liés à la qualité, à la communication, à la gérance du temps et à tant d'autres thèmes intéressants. Le nombre de participants est limité à 18 personnes par session, tandis que les conférences sont ouvertes à tous… C'est un grand succès…

Les enfants de « Apprendre À Grandir » ont continué leurs programmes éducatifs… Il est à remarquer tout l'intérêt que les parents portent à la qualité éducative offerte par ces deux projets, celui du matin pour les déplacés et celui de l'après-midi pour les enfants des familles de « L'Oreille de Dieu ».

Voyant l'usure des chaussures que portent les enfants des familles déplacées, nous avons offert à chaque enfant une nouvelle paire…

Les jeunes de « Skill School » continuent à préparer activement un projet pour Noël… Les animateurs s'activent pour conduire à bien ce projet…

Les dames de « Tawassol » profitent bien de tout ce qui leur est offert par les moniteurs, en anglais ou en informatique ou en travaux manuels…

Les membres des familles du « Panier de la Montagne » ainsi que les familles de « L'oreille de Dieu » de Midane, en plus du panier alimentaire mensuel, ont reçu chacun des habits neufs et des chaussures…

Nous avons aussi relancé notre ancien projet de logement en commençant à aider les familles déplacées et qui ont besoin de louer une maison… Pour le moment, une dizaine de familles en ont profité… Elles viennent s'ajouter à la liste des 30 familles qui logeaient chez nous et que nous avons aidées à louer une maison…

Avec les dessins de Fadi, de Roula, de Marwa et de Youssef et en leur nom et au nom de tant d'enfants de notre chère Syrie,

Nous vous souhaitons un Noël de paix et d'espérance…

Échos d'Alep, ville meurtrie de Syrie
Extraits d'un article de *La Croix*,
par Jean-Christophe Ploquin,
complété par l'Œuvre d'Orient, 26 janvier 2014

L'Œuvre d'Orient soutient l'association les « Maristes Bleus ». Cette petite communauté chrétienne, composée de religieux et de nombreux bénévoles, anime, en temps « normal », des groupes de solidarité à Alep.

Sous les bombardements, ils ont décidé de ne pas partir du pays et de rester auprès de la population pour élargir leur aide aux déplacés, principalement des sunnites.

Le mardi 21 janvier, Nabil Antaki, médecin à Alep, membre des « Maristes Bleus », a témoigné, à Paris, devant 200 personnes de son engagement en faveur de plusieurs centaines de familles appauvries par trois ans de guerre, à Alep, la seconde ville de Syrie.

Avec 3 frères maristes, son épouse et 3 autres personnes, il anime une équipe de 70 bénévoles qui subviennent aux besoins de familles musulmanes et chrétiennes chassées par les combats et obligées de vivre dans des conditions très difficiles. Un travail dangereux, qui les amène bien souvent à s'exposer.

Mardi soir, Nabil Antaki a évité de parler politique ou de s'exprimer sur les adversaires qui s'affrontent depuis bientôt trois ans. Tendu par son souci de venir en aide à une population en détresse, cet humaniste chrétien espère travailler par la même occasion à la réconciliation à long terme entre des communautés aujourd'hui confrontées à des réflexes de haine.

« *Depuis trois ans, la guerre a fait 125 000 morts et 6 à 8 millions de déplacés internes*, indique-t-il. *Les Syriens souffrent aussi de voir leur pays détruit, l'économie ruinée, le patrimoine archéologique pillé, les usines démontées, les biens publics volés, l'élite enfuie. Ce pays merveilleux est en train de se somaliser. On y voit une haine confessionnelle à laquelle on n'était pas habitué, une barbarie que nos pères et nos grands-pères n'avaient jamais vue.*

Les événements ont commencé le 15 mars 2011 à Deraa, dans le sud, rappelle-t-il. *Au début, Alep était relativement épargnée. Et puis en mai 2012, les rebelles ont pris tous les villages alentour. Depuis l'été 2012, ils contrôlent les quartiers périphériques d'Alep, un peu comme si, à Paris, ils avaient conquis les arrondissements en bordure extérieure, du 11^{œ} au 20e. Les habitants ont fui en masse. Près de 200 000 déplacés se sont repliés dans les zones sous la férule du gouvernement. Depuis, c'est une guerre de position. Il n'y a ni recul, ni percée.*

Il n'y a plus de station d'essence, raconte encore Nabil Antaki. *Les pompes ont été dérobées. On achète l'essence à des gamins assis sur le trottoir, par quantité de 15 litres ou 20 litres. Elle est souvent coupée d'eau ou frelatée. À cause du manque d'essence et des points de contrôle qui provoquent des embouteillages, beaucoup de gens vont à pied. La marche est devenue le sport principal des Aleppins. En tout cas, jusqu'à 18 heures. Après, quand la nuit tombe, les gens évitent de sortir.*

Le coût de la vie, bien sûr, a flambé, à cause de cette contrebande obligée, poursuit-il. *Les prix ont pu être multipliés par 5 ou 10, notamment celui du pain. Moi qui garde un niveau de vie aisé, je n'ai pas mangé de viande pendant trois mois. Dernièrement, on achetait du poulet élevé en Turquie, alors qu'auparavant, on trouvait de tout dans la campagne avoisinante. Les gens pauvres sont devenus très pauvres et les classes moyennes sont devenues pauvres.*

La vie est, bien sûr, dangereuse, ajoute le médecin. L'*automne dernier, nous avons vraiment craint une invasion rebelle. Ma mère, ma femme et moi, nous nous tenions prêts à partir dans l'heure, à fuir à la hâte, comme les Arméniens en 1915. Puis, la menace s'est estompée. L'armée bombarde les zones tenues par les rebelles avec l'aviation ou de l'artillerie. Dans nos quartiers, le risque vient des voitures piégées, des kidnappings, qui sont devenus monnaie courante, et des tirs de mortiers artisanaux. Il y a environ 15 ou 20 obus qui tombent chaque jour. Cela ne fait presque aucun dégât aux immeubles qui semblent intacts, mais il y a à chaque fois des morts et des blessés.*

Or, beaucoup de médecins sont partis. Il n'y a plus que deux hôpitaux publics qui fonctionnent. L'une des actions que nous menons avec les Maristes est la prise en charge des blessés de guerre, dans un hôpital tenu par des religieuses. Nous avons le meilleur spécialiste de la cage thoracique de Syrie. Récemment, il a soigné un jeune de 17 ans dont les poumons avaient été très gravement atteints et est resté toute la nuit avec lui à le veiller. Sans ce programme, des dizaines de personnes seraient mortes, assurément.

Les contacts avec l'extérieur sont très difficiles, enchaîne Nabil Antaki. *L'aéroport international d'Alep est fermé depuis le 31 décembre 2012. Pour sortir du pays, nous allons au Liban, mais l'autoroute Damas-Alep est entre les mains des rebelles. Il y a des enlèvements, des morts. Depuis peu, le régime a aménagé un parcours parallèle à peu près sécurisé, qui rejoint Homs avant de traverser la frontière libanaise. Mais même cette route n'est pas sûre.*

Mon frère aîné Amine y a été tué l'été dernier alors, qu'il revenait de voir ses enfants au Canada.

Tout manque, dans nos quartiers, y compris les vêtements, insiste le membre du réseau mariste qui s'est donné le nom de "Maristes Bleus". *Auparavant, quand on faisait des collectes pour les pauvres, on achetait en gros et le tour était joué. Cet hiver, il nous a fallu six semaines pour trouver le nécessaire, en sollicitant des donateurs, famille après famille. Parfois, un convoi humanitaire arrive et ce sont des centaines de camions qui déchargent. L'Organisation mondiale de la santé, le Haut-Commissariat de l'Onu aux réfugiés ou le Croissant-Rouge interviennent des deux côtés. À Alep, tout passe par le Croissant-Rouge qui redistribue. Nous avons notre part.*

Pourquoi je reste à Alep malgré ces conditions ? répond Nabil Antaki, en réponse à une question. *C'est une question que nous nous sommes déjà posée, ma femme et moi, il y a plusieurs années, lorsque nous sommes rentrés du Canada. Pour nous, la Syrie est notre pays. C'est là que sont nos racines. C'est là que nous pouvons faire notre devoir, rendre service. Cette opinion n'a pas changé avec la guerre. Nos enfants vivent aux États-Unis. Ils nous supplient de partir. Mais nous considérons que nous ne sommes pas directement menacés. Si c'est le cas, on partira.*

Avec les "Maristes Bleus", nous ne posons pas la question à ceux que nous aidons de savoir s'ils sont chrétiens ou musulmans, précise-t-il. *Il me semble que c'est le bon choix comme chrétien, comme humaniste. Et en agissant ainsi, on n'aide pas seulement l'humain qui souffre, on prépare aussi l'avenir – si avenir il y a. Notre action montre le visage des chrétiens, une image contraire à celle que propagent les groupes extrémistes. Un homme m'a dit un jour : "Vous êtes encore mieux que nos coreligionnaires". Nous sommes convaincus que cette solidarité est utile pour l'avenir, sans pour autant l'afficher.*

Il est certain qu'il y aura beaucoup moins de chrétiens après la guerre en Syrie, prévient Nabil Antaki. *Déjà, on faisait circuler un mauvais chiffre avant, en disant qu'ils représentaient 10 % de la population totale. En fait, c'était entre 5 et 8 %. À Alep, ils ont représenté jusqu'à un quart de la population, mais il y avait déjà beaucoup de départs avant tous ces événements et la natalité n'était pas très forte. Aujourd'hui, la plupart des Arméniens sont partis, par exemple. Nous estimons qu'il reste 60 000 à 70 000 chrétiens à Alep, dont la moitié mourrait de faim s'ils ne bénéficiaient pas d'une aide alimentaire. Certains vont au Liban, en situation d'attente. Mais ceux qui ont les moyens et les réseaux vont aux États-Unis, au Canada, en Australie et ceux-là ne reviendront pas.*

En allant sur Internet, on voit bien que cette tragédie n'intéresse pas les Occidentaux, regrette le médecin. *Un fait divers en France va occuper la moitié d'un journal télévisé, mais le blocus d'une ville de deux millions de personnes n'a jamais fait les gros titres. Et récemment, lorsqu'il y a eu des informations sur des Français qui venaient faire le jihad en Syrie, les commentaires chez vous étaient de savoir s'ils reviendraient avec de mauvaises intentions : aucune considération sur le mal qu'ils sont susceptibles de faire chez nous.*

Les chrétiens sont des citoyens syriens à part entière, avec chacun sa propre opinion. Beaucoup disent que la solution serait un régime laïc, mais oublient que la Syrie était le seul État laïc de la région ! Les rebelles ne visent pas les chrétiens. Mais les chrétiens vivent dans les zones touchées par les rebelles.

Nous sommes aussi parfois ulcérés par les communiqués de certaines organisations, comme MSF ou Médecins du monde, qui n'envoient des médecins qu'en zone rebelle, ajoute-t-il. *"Alors bien sûr, ils y voient des personnes qui souffrent. Mais il n'y a pas que du côté des rebelles que l'on souffre. Cela biaise leur démarche. Il n'y a pas les bons d'un côté, les méchants de l'autre. Il y a des bons et des méchants des deux côtés et, aujourd'hui, plutôt d'un côté"* ».

Lettre d'Alep n° 16 (23 mars 2014)
par frère Georges Sabé

Monter vers Pâques.

Il fait beau ce matin à Alep.

Je me suis réveillé tôt. Je dois vérifier les réservoirs d'eau de la communauté… La situation de l'eau et de l'électricité s'est nettement améliorée ces jours-ci… Il reste qu'elles sont rationnées : l'eau nous arrive tous les deux jours et l'électricité par tranche de deux ou quatre heures. Nous n'avons pas à nous plaindre… Il y a tellement de misère autour de nous que le rationnement de l'eau et de l'électricité ne représente plus un grand problème… Les Alépins ont tellement enduré que chaque fois qu'un service public s'améliore, même un tout petit peu, ils se réjouissent. Si on leur demande : « Comment ça va ? » La première réponse est « *Nechkor Allah* ! » (Nous rendons grâce à Dieu !)

D'où vient toute cette force de résistance chez les habitants de la ville ? Est-ce une Foi tellement ancrée dans leur quotidien, ou est-ce l'esprit de solidarité et d'entraide, ou est-ce une grandeur d'esprit qui leur fait voir la misère des autres et, pour cela, dire que ça va ?

La ville continue à être divisée, séparée et clôturée. C'est une séparation complète entre les deux parties. Pour passer d'un côté à l'autre, on met parfois entre 10 à 16 heures, un trajet qui, en temps normal, aurait duré un quart d'heure…

Et à l'intérieur de la partie où nous résidons, il y a tellement de barrages, de contrôles que, parfois, se déplacer en voiture exige une patience infinie… C'est normal ! Il faut contrôler pour éviter des voitures piégées, pour empêcher des infiltrations, pour… pour… On s'habitue à la guerre. Elle devient une partie intégrante de notre vie, de notre quotidien… Mais peut-on s'habituer au cloisonnement… aux tirs, aux bombardements… aux snipers… aux éclats d'obus… aux mortiers, aux scènes de destruction et de mort ? Peut-on accepter que notre patrimoine soit effacé ?

Quand les moniales de Maaloula ont été libérées, ce fut, pour un instant, un signe d'espérance… Le dialogue est possible, les négociations pourraient aboutir… Mais à quel prix et qui peut aider à rétablir la paix quand prédominent le refus de l'autre et son exclusion ?

La question de l'émigration reste la première question que se posent beaucoup de jeunes et de parents… Que faut-il répondre ? Qui ose conseiller ? Qui possède assez de données pour trancher ? Personne, personne… Rester quand on a peur, quand on est au chômage, quand on a perdu un parent, quand l'horizon semble obscur et surtout, quand pèse sur les cœurs une menace… ou partir, vers où, comment, pourquoi ? Partir pour vivre en étranger, partir laissant derrière soi sa terre, sa culture, ses racines…

Des millions de personnes ont quitté le pays… On parle du plus grand désastre humanitaire de la planète… Tout cela a des retombées sur tout le monde et spécialement sur les enfants :

Dans son rapport sur la situation des enfants de Syrie, intitulé « En état de siège – Trois années d'un conflit dévastateur pour les enfants en Syrie », l'Unicef dénonce les dommages considérables causés aux 5,5 millions d'enfants aujourd'hui touchés par le conflit, et demande un arrêt immédiat des violences et une augmentation de l'aide pour ces enfants sinistrés.

L'Unicef estime à deux millions le nombre d'enfants qui ont besoin d'une aide ou d'un traitement psychologique.

« Pour les enfants de Syrie, les trois dernières années ont été les plus longues de leur vie. Doivent-ils subir une autre année de souffrances ? », se demande le directeur général de l'Unicef, Anthony Lake.

Le rapport avertit que l'avenir de 5,5 millions d'enfants se trouvant en Syrie ou vivant comme réfugiés dans les pays voisins est en jeu alors que la violence, l'effondrement des systèmes de santé et d'éducation, une détresse psychologique intense et l'impact de la dégradation de l'économie sur les familles se combinent pour dévaster toute une génération.

Si ce tableau est assez obscur, c'est qu'il oublie qu'il y a des points lumineux…

Les Maristes continuent à croire, envers et contre tout, que l'éducation est l'outil principal pour construire l'homme et faire de lui un acteur de paix…

Notre fondateur saint Marcellin Champagnat disait : « Éduquer les enfants pour qu'ils deviennent de vertueux citoyens et de bons chrétiens… ». En l'adaptant à notre situation, je pourrai dire « pour en faire de vertueux citoyens et de bons croyants ». En s'inspirant de cela, nous continuons avec beaucoup de courage et de foi à offrir les différents programmes éducatifs aux enfants, aux adolescents et aux adultes sans aucune distinction.

Les jeunes du projet « Skill School » ont célébré la fête des Mères, fête célébrée en Orient le 21 mars, avec pour thème : « Tends-moi ta main »… Une main tendre, accueillante, une main qui aime et pardonne, qui encourage et indique le chemin…

Les enfants du projet « Je veux Apprendre » ont célébré cette fête avec leurs mamans, ils ont exprimé leur amour à leur être le plus cher.

Dans le monde arabe, la fête des Mères coïncide avec le début du printemps. Un mot qui a perdu ses couleurs et son espérance et qui résonne dans le cœur de millions de personnes : guerre, chômage, destruction, mort, sang, déstabilisation…

Nous avons choisi de profiter du début du printemps pour ancrer notre choix de paix et de respect mutuel des différentes cultures. C'est une valeur essentielle… Le frère Emili Turu, supérieur général m'a demandé de partager avec vous cet engagement…

Ouvrir les portes, aller à la rencontre de l'autre, l'inviter chez soi, se mettre avec lui autour d'une même table, l'écouter, lui parler, partager ensemble nos valeurs communes, accepter que notre foi en Dieu est un chemin qui nous unit et non qui nous sépare, partager le même engagement de construire un monde plus juste, établir les bases d'une paix qui n'exclut pas l'autre, créer des réseaux d'artisans de paix… partager avec eux notre charisme comme chemin vers une humanité sans frontières.

Les différentes sessions de formation du projet « MIT » vont dans la même ligne. Trois sessions de formation autour des thèmes suivants : « L'éducation, trésor de l'humanité », « Comment résoudre les problèmes et prendre des décisions ? » « Kaizen ou l'amélioration continue ».

De même, trois conférences ont présenté « la manipulation positive » et « l'amour en 3 dimensions 3D »…

Les 30 dames du projet « TAWASOL » préparent pour Pâques une exposition de leurs travaux en divers thèmes artistiques et manuels.

Les jeunes scouts ont pu profiter de quelques jours de vacances pour tenir leur camp d'hiver, dans les locaux… Ces camps se terminent par une journée de partage avec les parents…

Vu le développement dans la distribution des paniers alimentaires (de plus en plus, nous sommes sollicités par des familles dans le besoin), nous avons aménagé un coin pour en faire un dépôt supplémentaire qui vient s'ajouter aux plusieurs locaux où nous déposons denrées alimentaires, vêtements, matériel d'hygiène, matelas et couvertures ; enfin, tout ce qui peut servir les familles déplacées. Une bonne équipe est à leur service…

En montant vers Pâques, nous espérons que le chemin de croix, que nous sommes en train de vivre, soit terminé par la quinzième station : la résurrection…

À vous tous, nos amis et nos bienfaiteurs, à tout le monde mariste, nous souhaitons une bonne montée vers Pâques…

La Semaine sainte à Alep (*Ousbou' Al Alaam*)
Note de Nabil ANTAKI (19 avril 2014)

La Semaine sainte est appelée en arabe *Ousbou' Al Alaam*, qui veut dire la Semaine des Souffrances. C'est une véritable souffrance que nous vivons à Alep depuis une semaine. La Semaine « sainte » a débuté le samedi précédant les Rameaux et dure jusqu'à ce samedi soir, jour de la veillée pascale. En effet, il y a depuis une semaine un blocus (de fait) d'Alep à cause des combats qui ont lieu à proximité de la seule route qui relie Alep au monde. De ce fait, personne n'a pu quitter ou rentrer à Alep. Les denrées et marchandises non plus ; ce qui a causé en quelques jours une pénurie encore plus grave que celle que nous avions connue il y a quelques mois. Nous n'avons plus d'essence, de fioul, de viande, de poulet dans tout Alep (ville de deux millions d'habitants), pas de légumes ni de fruits.

De plus, tous les fronts d'Alep se sont embrasés en même temps et en conséquence, un bruit de canons ininterrompu, nuit et jour et des dizaines d'obus de mortiers qui nous tombent dessus chaque jour ; une moyenne de 10 tués civils par jour, sans compter les blessés.

Les gens d'Alep souffrent et ont peur. Beaucoup d'appels quotidiens des familles dont nous avons la charge pour nous dire leur souffrance, leur angoisse et leur peur.

Et pour couronner le tout, nous n'avons ni eau (aucune goutte) ni électricité depuis maintenant 48 heures.

Heureusement que les gens d'Alep, en cette fête de Pâques, ont foi en l'Espérance de la résurrection. Nous résistons parce que nous croyons que la vie est plus forte que la mort.

Bonnes Pâques à vous tous nos amis !

Lettre d'Alep n° 17 (1er mai 2014)
par Nabil ANTAKI

À un journaliste qui me demandait récemment comment je qualifierais la situation en Syrie, j'ai répondu : pourrie. Voilà trois ans que la guerre a cours et aucun des deux camps n'est en mesure de l'emporter militairement et aucune solution politique ne pointe à l'horizon. Les puissances régionales et mondiales (ainsi que les médias) semblent s'être désintéressées de ce conflit, qu'elles avaient pourtant encouragé, financé, armé et peut-être planifié. Elles ont maintenant d'autres préoccupations : Crimée, Ukraine, vol MH370, élections, et laissent donc la situation en Syrie pourrir. Et ceci, au détriment des Syriens qui voient leur pays détruit, son économie anéantie, son patrimoine pillé, son élite exilée, ses richesses volées ; sans oublier les 150 000 morts, les quatre millions de réfugiés, les huit millions de déplacés internes, les actes de sauvagerie et de barbarie que personne ne pouvait imaginer et une haine confessionnelle qu'on ne connaissait pas, chrétiens et musulmans vivant en harmonie depuis des siècles. Même les plus ardents pourfendeurs du régime et les plus farouches partisans des réformes ne voulaient pas la guerre, et surtout pas de celle-ci.

La situation à Alep va de mal en pis avec un blocus intermittent mais complet des personnes et des marchandises. S'en suivent une impossibilité de quitter ou d'entrer en ville et une pénurie des denrées essentielles : légumes, fruits, viande, poulet, essence, etc. Puis subitement après dix à quinze jours, le blocus s'allège pour reprendre quelque temps après. Récemment, l'eau et l'électricité ont été coupées pendant onze jours consécutifs ; les marchands de générateurs et de fioul se sont frotté les mains. Heureusement qu'il y a un an, une association chrétienne protestante avait foré 20 puits dans des églises de différents quartiers d'Alep (suivie en cela par des associations musulmanes qui ont fait de même dans les mosquées). Les Alépins ont donc fait la queue devant les églises et les mosquées pour remplir des bidons d'eau (retour au Moyen Âge !).

Une pluie d'obus de mortiers tombe tous les jours sur Alep tuant des dizaines de personnes et blessant autant. Les snipers continuent à faire des ravages parmi les piétons ; sans parler des explosions monstres des bâtiments publics par des explosifs placés par voie souterraine.

Ce pourrissement de la situation a généré chez les Alépins trois sentiments : la peur, le désespoir et la souffrance.

Je pense aux appels téléphoniques des familles de déplacés, dont nous avons la charge, pour nous dire leur peur, exprimer leur panique et nous demander conseil quand les obus tombent autour d'eux. Et les mamans qui refusent, certains jours, d'envoyer leurs enfants chez nous de peur que notre bus soit la cible d'un sniper ou d'un mortier.

Je pense à tous ces jeunes adultes qui avaient rêvé et planifié un avenir professionnel ou familial et qui ne peuvent plus le réaliser. Ayant résisté pendant trois ans à la tentation de quitter le pays, ils sont désespérés et veulent émigrer s'ils en ont la possibilité.

Je pense à ces 7 familles avec 23 enfants qui logent ensemble dans une cave de 2 chambres (constatation de visu par notre équipe de visite à domicile).

Je pense aux 23 victimes tuées par un obus lancé par les rebelles le dimanche 27 avril alors qu'ils faisaient la queue devant une boulangerie pour acheter du pain en plein centre-ville et aux 19 autres décédées dans les 48 heures suivantes, des suites de leurs blessures.

Je pense à tous ces gens qui souffrent de la faim, à ce bébé de 5 mois nourri au biberon rempli d'amidon dilué, faute de lait (constatation de visu par notre équipe de visite à domicile).

Je pense au jeune M. C. de 18 ans qui souffre de perdre son rein greffé (suite à la perte de la fonction de ses 2 reins par un tir de sniper) par manque de médicaments antirejet.

Je pense à N. M., cette jeune Arménienne de 20 ans qui a eu le foie, les poumons et l'estomac perforés par des éclats d'obus.

Je pense à A. G., ce jeune musulman de 19 ans qui a dû subir une amputation des deux jambes parce qu'il se trouvait dans la rue à l'endroit de la chute d'un obus de mortier. Il est actuellement aux soins intensifs dans un état grave, suite à une septicémie.

Je pense à cette vieille maman, K. H., qui est venue consulter pour des troubles névrotiques et qui m'avoue que son fils cadet a été tué par un sniper et le lendemain, sa belle-fille et ses 4 enfants par un obus.

Devant ces peurs, ces désespoirs et ces souffrances, nous ne pouvons pas nous contenter d'offrir uniquement notre compassion. Devant ces défis, nous résistons, en étant solidaires de ces hommes et femmes qui souffrent.

À tous ces civils atteints par des blessures de guerre, nous, les « Maristes Bleus », offrons notre programme « Civils blessés de guerre ». En partenariat avec les Sœurs de Saint Joseph de l'Hôpital Saint Louis et les médecins et chirurgiens bénévoles de cet établissement, nous soignons gratuitement les civils atteints par des balles ou des obus.

À tous ces jeunes adultes désespérés, nous offrons, en attendant des jours meilleurs, le MIT (Marist institute for training). Avec les conférences que nous organisons (« La peinture au fil du temps », « l'orientation psychologique : du moi à la découverte de soi », etc.), ils ont un espace de réflexion et d'enrichissement culturel. Les workshops de trois jours leur donnent la possibilité d'acquérir des connaissances et des habilités pouvant leur servir plus tard (étude de la rentabilité d'un projet, comment écrire un CV et se préparer à un entretien d'embauche, l'art de diriger une équipe, etc.).

Aux bébés, nous offrons des couches et du lait (nous sommes la seule association qui distribue du lait).

Aux familles déplacées ou sans ressources, nos différents projets : « Le Panier de la Montagne », le panier de « L'Oreille de Dieu », le panier des « Maristes Bleus » leur offrent des paniers alimentaires mensuels ou hebdomadaires, des matelas, des couvertures, des bidons d'eau, des ustensiles de cuisine, des vêtements…

De plus, une centaine de familles viennent chez nous chaque midi chercher un repas chaud.

Aux enfants (de familles déplacées ou démunies) en âge préscolaire ou scolaire mais qui ne vont pas à l'école, nous offrons un havre de paix où éducation, instruction et hygiène leur sont données par nos bénévoles de « Apprendre À Grandir » et de « Je veux Apprendre ».

Aux grands adolescents, « Skill School » offre la possibilité de rencontre entre jeunes et de réaliser des projets communs.

Aux jeunes mamans, « Tawassol » offre un apprentissage à l'anglais, à l'informatique et aux travaux manuels. Pour Pâques, elles ont exposé et vendu leur production.

Nous, les « Maristes Bleus », essayons de répondre à ces défis de notre mieux, mais nos besoins sont immenses. Nous avons d'autres projets en tête comme celui de pouvoir loger les plus démunis des déplacés mais pour cela, il faut beaucoup d'argent que nous n'avons pas. Si nous arrivons à faire face matériellement et financièrement, c'est grâce à vous tous, nos amis, qui nous soutenez. Merci.

Note de Nabil ANTAKI (le 3 mai 2014)

Depuis trois jours, les mortiers n'arrêtent pas de tomber sur tous les quartiers d'Alep faisant, quotidiennement, de nombreux tués et blessés : Villat, Midane, Kallas, Georges Lahdo, Université, Azizié.

Les blessés graves affluent à l'hôpital Saint Louis où ils sont pris en charge et sauvés. Vingt pour cent des lits de l'hôpital sont actuellement occupés par des blessés de guerre dont entre autres :

1- un jeune de 16 ans avec des atteintes au côlon, aux intestins, aux pieds et à l'œil droit qu'il a perdu définitivement,

2- un jeune de 13 ans qui a eu le poumon et le foie perforés,

3- un homme de 46 ans avec une atteinte au dos et au rectum,

4- un homme de 48 ans avec une atteinte aux poumons,

5- une jeune de 20 ans avec une atteinte au ventre,

6- une femme de 40 ans qui a dû être amputée des 2 pieds (elle a perdu sa fille par le même obus).

Morale : il n'y a pas que du côté des rebelles qu'on est bombardés et que l'on souffre.

Un crime contre l'humanité
Texte de Nabil ANTAKI (9 mai 2014) à l'intention de l'opinion publique occidentale

Un crime contre l'humanité a lieu à Alep.

Pour la 5e journée consécutive, l'eau est coupée à Alep.

L'été dernier, Alep a subi un blocus complet des personnes et des marchandises pendant des semaines et personne n'a rien dit.

Le mois dernier, Alep a subi une coupure d'électricité pendant onze jours consécutifs et personne n'a protesté.

Et maintenant, « ils » ont coupé l'eau depuis cinq jours et vous vous taisez !!

Une ville de deux Millions d'habitants, privée d'eau depuis cinq jours, et vous ne descendez pas dans les rues !

Ceux qui savent et qui ne protestent pas se rendent complices de ce crime. Pour beaucoup moins que ça, vous avez manifesté, crié votre colère, écrit des tribunes, fait des reportages et réclamé des sanctions.

Pour moins que ça, vos ministres des Affaires étrangères et vos présidents ont haussé la voix, se sont rencontrés, ont réclamé des sanctions, ont menacé de poursuites devant le tribunal pénal international.

Mais pour eux et pour vous, les victimes sont les coupables ; quant au peuple d'Alep qui souffre de la soif, ce n'est pas votre affaire.

Votre attitude est une Honte. Vous devriez être poursuivis pour crime de guerre et contre l'humanité pour complicité passive.

Note de Nabil ANTAKI (12 mai 2014)

Alep sans eau pour la 7e journée consécutive et personne en Occident ne proteste ou fait pression sur ceux qui ont intentionnellement coupé l'eau.

À cette occasion, on ne peut s'empêcher de penser à cette phrase de l'un de nos congénères les plus éclairés :

« Le monde est dangereux à vivre non pas tant à cause de ceux qui font le mal, mais à cause de ceux qui regardent et laissent faire ».

Albert Einstein.

La situation est grave à Alep
Texte de Nabil ANTAKI (30 mai 2914)

Depuis quelques semaines, la rumeur courait à Alep que les rebelles vont intensifier leurs tirs de mortiers sur les quartiers résidentiels d'Alep pour faire pression sur l'État et empêcher la tenue de l'élection présidentielle prévue pour le mardi 3 juin. Comme ce sont des gens d'honneur… ILS ONT TENU PAROLE.

Depuis trois jours, les obus et mortiers n'arrêtent pas de tomber sur Alep et en particulier sur le quartier Midane. C'est le quartier où les loyers sont le moins chers et où habitent les familles pauvres et les déplacés de Jabal Al-Saydé. Mais c'est aussi le quartier limitrophe de la ligne de démarcation, donc le plus exposé. Beaucoup de familles dont nous avons la charge ont reçu des obus dans leurs appartements, de nombreuses personnes ont été blessées et certaines sont mortes. Ce vendredi après-midi, la situation est devenue intenable pour ces familles et un 2e exode a commencé pour elles (elles avaient quitté Jabal Al-Saydé le 30 mars 2013, suite à l'invasion du quartier par les rebelles. Nous avions logé 23 familles chez nous au couvent des Frères pendant six mois, puis les avons aidées à se loger dans des appartements). Elles fuient leurs logements, nous téléphonent, nous supplient de leur trouver un refuge, ne serait-ce que temporaire. Elles sont paniquées, ont peur. Pendant que j'écris ce mot, les sirènes des ambulances font un vacarme assourdissant. ET POURTANT…

Nous n'avions pas cessé d'alerter les responsables religieux sur le problème du logement des déplacés. Nous avons frappé, en vain, à toutes les portes des organisations caritatives catholiques internationales pour leur demander un financement pour le logement. Ce fut toujours un refus. Aujourd'hui, ces organisations sont réunies au Vatican sous l'égide de COR UNUM. Puissent-elles entendre cet APPEL URGENT des Alépins, de ceux qui vivent sur le terrain et partagent, avec les plus vulnérables, leurs souffrances.

La situation est catastrophique à Alep
Note de Nabil ANTAKI (1er juin 2014)

Il y a deux jours, je vous disais que la situation était grave à Alep. Aujourd'hui, elle est catastrophique. Aucun quartier n'a été épargné par les tirs de mortiers faisant des dizaines de morts et des centaines de blessés. La moitié des habitants du quartier Midane ont quitté leurs appartements et ne savent où se réfugier. Beaucoup ont demandé à venir chez nous au couvent des Maristes. Quoique nous n'ayons plus de place, nous ne pouvions pas refuser de les accueillir. Nous verrons combien ils seront chez nous demain. Le comble, c'est que l'école adjacente au couvent fera fonction de centre de décompte des voix de l'élection présidentielle de mardi et est donc menacée ! Qui vivra verra…

Trois obus de mortiers sur l'hôpital Saint Louis
Note de Nabil ANTAKI (3 juin 2014)

À 14 heures aujourd'hui, 3 obus de mortiers sont tombés sur l'hôpital Saint Louis, causant des dégâts matériels importants. Heureusement, nous ne déplorons aucune perte humaine. Le service des urgences et 2 salles d'opération ont été atteints, les malades du 2e étage ont été transférés au 1er et nous avons eu beaucoup de vitres brisées dont les beaux vitraux de la chapelle. Depuis ce matin, le siège du Croissant-Rouge et le principal hôpital public (Al Razi) ont aussi reçu leur lot de mortier.

Lettre d'Alep n° 18 (7 juillet 2014)
par frère Georges Sabé

Une ville assoiffée

Depuis le 2 juin 2014, une ville entière est, de nouveau, privée d'eau… Ce n'était ni le Carême ni le Ramadan… Une ville martyre, oubliée, vivant dans l'indifférence du monde… Une ville qui n'a pas choisi son sort mais le subit… La ville et ses habitants, plus de deux millions de personnes, sont en manque… en manque d'eau…

Cette eau qui arrive de l'Euphrate nous manque. Nous sommes punis pour je ne sais quel crime qu'on aurait commis. On ne peut pas punir tout un peuple… On ne peut pas se taire… Il est révoltant de voir les enfants et les vieux qui, dans les rues d'Alep, attendent devant le robinet d'un puits pour remplir un bidon ou une bouteille. Ce n'est pas possible qu'en ce troisième millénaire, toute une ville soit privée d'eau. Nous, les « Maristes Bleus », avons lancé plusieurs appels pour dénoncer ce crime contre l'humanité… Nous faisons notre possible pour fournir de l'eau à tous ceux qui nous le demandent, mais la situation est devenue intenable.

Au moment où j'écris cette lettre, le muezzin annonce la fin d'une journée de jeûne pour les musulmans. Il fait chaud… Presque 40°… L'occupation principale de beaucoup de personnes aujourd'hui aura été de trouver de l'eau… C'est une honte… Beaucoup d'amis de l'étranger veulent savoir qui en est le responsable… Il importe peu de le savoir. L'essentiel, c'est que toute la population souffre. Il y a trois ans, quand la guerre éclata à Alep, c'était Ramadan, le Ramadan du déplacement… L'année passée, le Ramadan était celui du blocus et ce Ramadan est celui de la coupure de l'eau… Que va-t-on encore subir ? Pourquoi doit-on encore subir ? Les gens sont fatigués. Ils n'en peuvent plus… C'est vrai qu'ils patientent, qu'ils espèrent, qu'ils attendent, mais patienter pour quoi ? Espérer qui et attendre quoi ?

Je vous propose de vivre cette expérience pour un, deux, trois jours, pour une semaine, pour un mois… Faites cette expérience de privation… Imaginez qu'on déverse l'eau potable, l'eau domestique dans le petit ruisseau qui passe dans votre ville et qu'elle n'arrive pas jusqu'à chez vous… Imaginez que pour remplir deux bidons d'eau, il vous faut au moins une heure de temps… Imaginez que l'eau que vous venez de remplir peut vous causer des maladies, un empoisonnement et parfois une hospitalisation…

Et comme la coupure d'eau ne suffit pas, il faut y ajouter l'électricité… fournie une ou deux heures par jour. Là aussi, je vous invite à en faire l'expérience… Un jour sans électricité, sans frigo, sans machine à laver, sans télé, sans, sans et sans…

Alep, la ville oubliée, c'est notre ville à nous… Une ville qui souffre…

Je pense à S. : un universitaire qui dort avec un de ses enfants sur le lieu de son travail alors que le reste de la famille de 8 personnes vit dans une carcasse d'autobus. Je pense à G. qui, pour un trajet de 30 minutes, a mis plus de onze heures pour arriver chez nous. Je pense à S., ce chauffeur, père de 4 enfants dont deux sont handicapés et qui vivent avec deux autres familles dans un sous-sol…

Malheureusement, beaucoup d'Alépins ont quitté la ville… et cet été encore plus… Aller chercher ailleurs, à l'intérieur même de la Syrie ou à l'extérieur, une vie digne plus apte à être appelée humaine !… Alep, redeviendra-t-elle ce qu'elle était ?… Où trouver les signes d'apaisement ?

Comment se fera une éventuelle réconciliation, sur quelle base… quand on a vu sa maison, le fruit de toute une vie, détruite par un bombardement ou par un mortier, ou bien quand on a vu un des siens mort ou grièvement blessé ?…

Quand on vit à Alep, on est surpris par le retour au pays d'un ami et l'on est très vite déçus de savoir qu'il vient pour régler ses affaires et quitter définitivement. Quand on vit à Alep, on est déchirés par plein de questions : faut-il attendre pour quitter ou faut-il le faire tout de suite ? Faut-il installer un générateur ou attendre que le courant soit rétabli ? Faut-il faire sortir les enfants malgré la peur d'un obus de mortier ou de quelque balle perdue, ou les garder à la maison ? Quelle activité lancer, pour qui, pour quoi ? Avec qui et au nom de quoi ?

Et puis, il y a cette menace qui nous vient d'ailleurs, de ces fanatiques, de ceux qui ne connaissent pas le tissu social syrien… Ils sont là aux portes de la ville pour faire régner une terreur… Ils sont là pour imposer une loi au nom d'une religion avec laquelle beaucoup de leurs coreligionnaires ne s'identifient pas… Eux, ils tuent, ils interdisent, ils empêchent de déclarer librement sa foi… On leur paye le tribut la *jizya*, impôt auquel sont soumis les non-musulmans ou, on abandonne tout et on va ailleurs…

À l'exemple du F. Emili Turu, notre supérieur général, nous adhérons à l'appel d'Andrea Riccardi, fondateur de la communauté Sant'Egidio « Sauvons Alep ».

Vivre à Alep, c'est un compromis d'engagement et d'espérance, c'est une lutte intérieure pour ne pas baisser les mains et tout laisser tomber, c'est une volonté de dire non à l'engrenage de la guerre et de la violence, c'est un regard sur la misère d'autrui pour se lancer à son secours…

Nous, les « Maristes Bleus », avons choisi d'avoir ce regard, nous avons choisi de prendre des initiatives, nous avons choisi de ne pas nous laisser paralyser par la peur…, nous avons choisi d'être une lueur d'Espérance pour toutes ces personnes déplacées, démunies et blessées, et un recours pour tous ceux qui n'ont plus rien.

Nos activités continuent…

Les enfants des deux projets : « Je veux Apprendre » et « Apprendre À Grandir », ont eu droit à deux semaines d'activités d'été avec pour thème « La terre du Bonheur ».

Les jeunes de « Skill School » ont un programme quotidien avec pour thème « *Masarat* » ou parcours.

Les jeunes dames ont repris le projet « Tawassol »…

Le MIT a repris ses conférences et ses sessions de formation…

Toutes les activités de secours continuent… La distribution régulière mensuelle des différents paniers alimentaires, la distribution des repas chauds, des vêtements, etc.

Le projet « Civils blessés de guerre » a encore sauvé plusieurs personnes blessées grièvement par les tirs de mortiers.

Je termine avec les mots du pape François lors de l'angélus de dimanche passé : « Que de mal fait l'indifférence humaine envers ceux qui sont dans le besoin ! et plus encore l'indifférence des chrétiens ».

Lettre d'Alep n° 19 (1er septembre 2014)
par Nabil ANTAKI

To leave or not to leave

Rester ou quitter, tel est le dilemme auquel font face, maintenant plus que jamais, les Syriens en général et les Alépins en particulier. Quoi faire ?… Résister encore ?… Rester en dépit de tout ce qui se passe ? De tout ce que nous subissons depuis plus de trois ans ? Quelle solution ? Quel avenir ?… Mais y en a-t-il un ? Quitter définitivement ?… Aller vivre ailleurs son avenir et surtout celui de ses enfants ? Aller où ? Comment ?… Faire une croix sur tout le passé ? Laisser tout ce qu'on possède et repartir à zéro ?… La litanie de ces questions sans réponses est longue et elle est répétée à longueur de journée. De plus en plus, les gens qui temporisaient, qui laissaient les questions et… les réponses en suspens en attendant de voir plus clair, en espérant une solution prochaine à la crise ou tout simplement parce qu'ils n'osaient pas. De plus en plus, les gens (surtout les chrétiens) quittent maintenant la Syrie et partent pour un exil définitif, pour un pays qu'ils n'ont pas choisi ; « Peu importe où je vais, l'important, c'est que j'y arrive pour que je puisse vivre en paix ».

La patience des gens est à bout. Depuis trois ans que dure le conflit syrien (avec ses 192 000 tués, ses millions de déplacés et de réfugiés), ils ne voient pas de solution poindre à l'horizon. Et puis, il y a eu cette cascade d'évènements qui ont fait perdre, même aux plus optimistes, leurs illusions. D'abord, le blocus de la ville qui a duré plusieurs semaines, puis la coupure totale de l'eau pendant plus de deux mois, les bombes et les mortiers qui continuent à faire leur ravage quotidien en morts et blessés…

Mais c'est surtout la peur, la trouille qu'ont les gens devant ce groupe de sauvages qui ont pris possession de tout l'est de la Syrie et du nord de l'Irak ; pour y instaurer un État avec une loi islamique qui n'a rien à voir avec l'Islam ; un groupe composé en majorité d'étrangers avec lesquels nos compatriotes musulmans ne s'identifient guère. Des gens qui égorgent (des personnes vivantes), qui décapitent (et pas seulement des journalistes américains), qui crucifient (des personnes vivantes jusqu'à la mort), qui lapident (des femmes soi-disant adultères), qui flagellent pour punir (les fumeurs, par exemple), qui enterrent des personnes vivantes, qui vendent les femmes (comme esclaves)… La liste de leurs actes barbares et cruels est très longue pour qu'elle soit décrite dans cette lettre.

Et c'est surtout le sort réservé aux chrétiens de Mossoul et de Qaraqosh ainsi qu'à d'autres « minorités » religieuses (qui sont irakiennes comme les musulmans) comme les Yézidis qui a été l'évènement… la catastrophe les plus déterminants dans la décision des Syriens de quitter le pays ; se convertir ou la mort ?… Fuir… Partir en exode… Des centaines de milliers de personnes qui quittent la terre de leurs ancêtres, leurs racines… leur histoire et partir sans pouvoir rien emporter avec soi, même pas son alliance ou un peu d'argent, être chassées… puis exterminées comme les Arméniens l'ont été par les Ottomans en 1915 lors du 1er génocide du XXe siècle.

Alors, Alep se dépeuple de ses chrétiens ; il n'en reste plus que la moitié (selon les optimistes) ou le tiers, par rapport à leur nombre d'avant le conflit. Il y a trois ans, les gens aisés et l'élite (médecins, hommes d'affaires, universitaires…) avaient quitté en attendant des jours meilleurs, puis le provisoire est devenu définitif. Mais récemment, tout le monde veut quitter : classes moyennes, jeunes, moins jeunes, pauvres, personnes sans ressources… c'est à qui mieux mieux.

Et nous, que pouvons-nous dire, qu'avons-nous à dire à tous ces candidats à l'exil ? Les encourager ? Les dissuader ?

Que pouvons-nous dire à ces trois jeunes couples qui sont venus, il y a une semaine, nous faire leur adieu, partant au Liban s'inscrire au bureau des Nations Unies pour les réfugiés pour avoir un visa d'immigration ? Trois ans sans travail pour de jeunes foyers à qui tout souriait quand ils se sont lancés dans la vie professionnelle et conjugale il y a quelques années.

Que pouvons-nous répondre à ces familles des plus démunies que nous aidons matériellement et qui n'en peuvent plus d'habiter le quartier pauvre de Midane, cible quotidienne des obus des rebelles, et qui ont vu plusieurs voisins tués ou blessés et qui ont peur pour elles-mêmes et leurs enfants ?

« Nous voulons partir, aidez-nous dans les formalités, nous avons des cousins ou des frères en Amérique latine et qui peuvent demander le visa pour nous. »

Que faire, que dire à toutes ces personnes qui n'en peuvent plus d'attendre que « les évènements » se terminent, qui n'arrivent plus à supporter les privations (d'eau, d'électricité, de produits, de médicaments, d'argent), les obus, les souffrances, qui ne veulent plus voir leurs enfants grandir sans rien connaître de la vie que la guerre, et qui veulent, enfin, un avenir sûr, stable, paisible ?…

Que répondre à ce médecin révolté par la lâcheté des Occidentaux : « Les dirigeants occidentaux ont qualifié la décapitation du journaliste américain d'acte barbare. Il faudra leur rappeler que ces sauvages qui commettent des actes de barbarie chez nous ont été encouragés, financés et protégés par eux et leurs alliés sous prétexte d'amener au peuple syrien la démocratie, et la liberté ! Dans le cadre d'un plan au nom très romantique : "Le printemps arabe" qui a remplacé les formulations précédentes de "Chaos constructif" et de Nouveau Moyen "Orient". Ces sauvages étaient considérés, en occident, comme des combattants de la liberté ou des rebelles quand ils commettaient leurs crimes en Syrie et sont subitement « devenus » des barbares et des terroristes quand ils sont passés, en partie, en Irak !! »

Que dire à ces dizaines, à ces centaines de personnes, rencontrées chez les Maristes ou dans la rue ou à mon cabinet et qui expriment leur angoisse et leur panique devant la déferlante Daech (EIIL) : Et s'ils envahissaient Alep ? Et si nous devions subir le même sort que les chrétiens de Mossoul ? La conversion ou la mort ? Fuir en colonnes de réfugiés sans pouvoir rien emporter ? Autant quitter maintenant avant qu'« ils » n'arrivent. Nous ne voulons pas mourir égorgés, décapités, enterrés vivants, crucifiés par ces sauvages. Et dire qu'« ils » ne sont qu'à quelques kilomètres à l'est d'Alep et viennent de prendre le contrôle de toute la région au nord de la ville.

Et les gens quittent. Récemment, notre chauffeur, sa famille, ses frères et leurs familles sont arrivés en Allemagne. Plusieurs internes de l'hôpital ont débrouillé un visa et sont partis en Europe. Notre femme de ménage s'apprête à aller au Venezuela. Une autre famille est partie en Australie, sans parler de ceux qui partent aux USA (surtout les Arméniens) et en Europe du Nord.

Pendant ce temps, le Vatican et les institutions caritatives de l'Église demandent aux chrétiens de Syrie de ne pas abandonner leur terre, le berceau du christianisme. Entre-temps, leurs représentants sur place distribuent l'aide reçue avec parcimonie pour « responsabiliser » les gens, ne pas en faire des « assistés » !! Dans quelques mois, il leur restera beaucoup d'argent mais personne à qui le donner. Un ami bien informé me disait : « Si dans quelques mois, l'EIIL envahissait Alep, ce serait une colonne de quelques milliers seulement de réfugiés chrétiens qui seraient sur les routes de l'exil ».

Nous, les « Maristes Bleus », n'avons pas de certitudes à donner à toutes ces interrogations, d'objections à toutes ces décisions, de réponses à toutes ces craintes…

Mais…

Nous essayons par notre présence active à être une petite lueur d'espoir pour ceux qui ont perdu tout espoir…

À être une force pour ceux qui doutent…

À être un réconfort pour tous ceux qui sont tourmentés…

Nous essayons aussi de soulager les souffrances, physiques et mentales, d'offrir, au moins, des conditions de vie acceptables à ceux qui restent pour que leur manque ne soit pas la principale raison de quitter.

Ainsi, tous nos programmes continuent malgré la perte cruelle que nous avons subie avec le décès d'un des piliers des « Maristes Bleus » d'Alep, notre ami et notre frère, Ghasbi SABÉ, emporté par une crise cardiaque à 59 ans. Pédagogue, animateur, membre de l'équipe de secours alimentaire, responsable des différents paniers alimentaires, membre de l'équipe du MIT, un homme chaleureux, fidèle, simple, humble, cuistot hors pair, apprécié et aimé de tous.

Le programme « Civils blessés de guerre » continue à soigner les blessés atteints par les mortiers ; aujourd'hui, c'est une maman, médecin et son fils de 8 ans ; elle, pour des fractures ouvertes aux 2 bras et lui, pour des atteintes multiples au ventre : nous avons été obligés de lui enlever la rate, un rein et une partie des intestins.

Nos trois paniers alimentaires mensuels ou bihebdomadaires servent à nourrir les familles chrétiennes déplacées de Jabal Al-Saydé « Panier de la Montagne », les familles musulmanes déplacées d'autres régions (panier des « Maristes Bleus ») et les familles démunies de Midane (panier de « L'Oreille de Dieu »).

Nous continuons notre projet de logement des déplacés en louant des petits appartements pour ceux qui n'ont plus de toit. Nous leur fournissons couvertures, ustensiles de cuisine, bidons d'eau…

Nous distribuons aussi des vêtements à tous les enfants des familles déplacées dont nous avons la charge.

Récemment, nous avons initié un projet de distribution d'eau aux bénévoles et bénéficiaires de nos projets. Nous avons installé, dans une camionnette, des réservoirs que nous remplissons de l'eau d'un puits qui est ensuite pompée dans les réservoirs (200-1 000 litres) des personnes concernées.

Au MIT (notre centre mariste de formation), nous continuons à former les jeunes adultes avec des workshops de trois jours ; le dernier en date s'est terminé dimanche passé et avait pour thème : « Les normes de qualité ». De plus, nous offrons un espace de réflexion avec des conférences-échanges dont la dernière a été très remarquée et qui traitait de « L'épreuve du croyant face à la guerre ».

Les enfants de 3 à 6 ans de « Apprendre À Grandir » et ceux de 7 à 13 ans de « Je veux Apprendre » participent à des colonies de vacances chez nous, d'une semaine chacune alternativement. Des programmes merveilleux leur sont organisés.

« Skill School » continue pour les adolescent(e)s avec des programmes variés alliant le sport, des habiletés manuelles et des programmes pédagogiques.

« Tawassol » pour les mamans ne chôme pas. Même avec des températures de 40 à 45°, tout le monde est là.

Nous continuons dans des conditions de vie très difficiles : pénurie d'eau (approvisionnement de chaque quartier d'Alep pendant 10 heures tous les 10 jours), pénurie d'électricité (2 fois 1 h 30 toutes les 24 heures) et dangereuses : tirs de mortiers…

Que nous réserve l'avenir ? Devrions-nous quitter ? Rester ? Des questions sans réponses pour le moment, en attendant… en attendant quoi ?

Un prêtre dominicain d'Irak a récemment écrit : « L'Irak d'aujourd'hui est complètement détruit. En plus, le tissu social des Irakiens est clairement déchiré. Les statistiques indiquent également que le pays est très dangereux, qu'il est devenu invivable et inhabitable. Les pauvres de ce pays se demandent : vers quel avenir l'Irak est poussé ? Est-ce vers un pays moderne, stable, démocratique ? Une simple réponse de n'importe quel habitant d'Irak sera : "L'Irak est poussé vers l'inconnu". Mais dans ce désordre imposé par le pouvoir du mal, la question centrale est la suivante : quel est l'avenir des chrétiens d'Irak ? Faut-il les chasser ou les exterminer ? Notre pèlerinage, notre chemin de croix et notre fardeau sont apparemment devenus lourds et longs. L'évènement dramatique, que les chrétiens irakiens subissent en ce moment, est scandaleux. Il ne reste que des camps de concentration dans ce projet de déracinement diabolique. Pendant que les délégués politiques et ecclésiastiques se succèdent, les exilés passent leurs nuits sous les tentes et dans les lieux publics. Malgré l'alerte rouge, le temps passe et les exilés, eux, restent sans abri ».

Remplacez le mot Irak par Syrie, et Irakiens par Syriens et vous aurez tout compris.

Cette lettre est datée du 1er septembre, fête d'un des saints les plus réputés de Syrie, saint Siméon le Stylite, qui avait, au Ve siècle, vécu 42 ans sur une colonne de 18 mètres de hauteur. Il avait choisi cette voie, selon la tradition, pour être plus près de Dieu ! Puisse notre sacrifice et notre calvaire ne durent pas aussi longtemps.

Lettre d'Alep n° 20 (14 décembre 2014) par frère Georges SABÉ

C'est le dimanche 14 décembre 2014. Ce matin, nous n'avons pas été à la messe à l'Hôpital Saint Louis comme nous avons l'habitude de le faire. Nous irons à la messe à 17 heures chez les Arméniens catholiques du quartier de Barbara. Elle sera célébrée en souvenir du jeune Soubhi, 28 ans, tué la semaine passée.

Le rendez-vous de la violence :

Soubhi est un jeune que nous avons connu depuis son enfance. Il était scout du groupe Champagnat Jabal Al-Saydé. À un moment, il a été chef de ce groupe. Il était aussi un des jeunes bénévoles des « Maristes Bleus ». Il était, également, très actif dans son propre quartier. Quand son quartier avait été envahi par les rebelles et qu'il s'est retrouvé déplacé dans sa propre ville, Soubhi, forgeron de métier, a commencé à errer, à la recherche d'un travail, d'un emploi, de quoi aider sa famille… Loin d'Alep, à Kfarbo, village chrétien près de la ville de Hama, il a cherché à s'installer et travailler pour, disait-il : « Il est temps que je me marie et que je constitue une famille ». Malheureusement, la mort avait, avec lui, le rendez-vous de la violence.

Soubhi est un de ces nombreux jeunes qui sont tués par la violence… Tant de rêves perdus… et avec eux, tant d'espérance gâchée.

Elle est tellement proche, cette mort ! Les mortiers, les balles perdues, tant de machines infernales s'acharnent pour détruire l'homme et la pierre, détruire la culture et la civilisation.

Combien de balles avons-nous ramassées dans la cour, chez nous, là où les enfants jouent ? Parfois, c'est par miracle que nous ne sommes pas blessés.

Des quartiers qui continuent à se vider…

Cette même violence crée chez beaucoup de gens le sentiment de devoir quitter leur quartier. Ils font l'expérience quotidienne d'un bombardement. Il en résulte des dégâts matériels (des vitres, meubles, voitures et parfois un pan de mur touché…) et psychiques… Alors, des familles entières sont obligées de quitter leur « chez-eux » pour aller ailleurs, dans un autre quartier plus sûr… Tout doucement, l'immeuble se vide, la rue se vide et on découvre par la suite que tout le quartier a été déserté… Fayrouz chante *Wainon* (Où sont-ils ?) Et j'ose ajouter : « En restera-t-il quelqu'un ? »

Je pense aux parents de Giorgio, cet enfant tué l'année passée dans le jardin de sa propre maison par les éclats d'un mortier. Ils avaient décidé depuis sa mort de ne pas quitter leur maison et d'y rester pour garder le souvenir de leur enfant. Il y a deux mois, ils ont quitté… Ils sont partis dans un autre quartier…

Quitter sa maison, c'est être obligé de louer ailleurs, mais les loyers sont devenus assez chers et les gens manquent de ressources.

La cherté de la vie :

Par le seul fait de rester à Alep, les gens doivent payer aussi d'autres tributs : un abonnement à des réseaux de générateurs électriques privés, le gaz qui est distribué avec parcimonie, l'essence et le fioul de chauffage qui manquent… Une autre menace s'annonce et qui aura des conséquences très graves sur le quotidien des gens : les multiples organisations internationales sont en train de réduire énormément leur aide à la population syrienne… cette aide est essentielle : surtout ce qui touche aux denrées alimentaires de base…

La menace :

Au-delà de tout cela, nous sommes menacés… Sa Sainteté le pape François, dans son allocution aux chrétiens déplacés d'Irak, l'a dit clairement : « Les chrétiens sont chassés du Moyen-Orient, dans la souffrance… Il semble que, là, on ne veuille pas qu'il y ait des chrétiens, mais vous, vous témoignez du Christ. Je pense aux plaies, aux douleurs des mères avec leurs enfants, aux personnes âgées et aux personnes déplacées, aux blessures de ceux qui sont victimes de toutes sortes de violences ».

L'hémorragie :

Beaucoup de jeunes et de familles quittent le pays par n'importe quel moyen… En faisant allusion au départ massif des chrétiens, un vicaire épiscopal me disait hier : « Depuis deux mois, je passe mon temps à signer des certificats de baptême, en arabe, en français, en anglais et dans d'autres langues. Cette attestation sera ajoutée à d'autres documents quand les gens vont se présenter aux guichets des consulats »…

Le pari pour la vie :

Devant cette réalité accablante, nous, les « Maristes Bleus », avons choisi de vivre, de servir, de nous donner, de nous engager au service de l'homme le plus meurtri, le plus blessé, le plus touché par la guerre.

Le service de l'écoute :

Ces derniers mois, je passe beaucoup de temps à écouter les gens, leur souffrance, leur désespoir, leur volonté de quitter, leur lassitude… Les gens ont tellement besoin d'être écoutés et secourus… Ils perdent confiance en un avenir, proche, de paix… D'ailleurs, le président syrien l'a dit dans sa déclaration à *Paris Match* : « Personne ne peut encore prévoir quand cette guerre prendra fin ».

Je ne suis pas le seul… Dans l'équipe des « Maristes Bleus », nous partageons quotidiennement notre expérience d'écoute… Parfois, ce sont des expériences tellement douloureuses qu'on ne peut les décrire…

Le service des visites à domicile :

Une équipe de bénévoles fait des visites à domicile : ça peut être une salle de classe dans une école, un sous-sol, une maison dans un quartier très dangereux, un habitat… inhabitable, une tente dans un jardin public, un appartement sans aucun mur et tant d'autres « domiciles »…

Ces visites nous permettent d'être proches des gens. Ils nous la sollicitent. Ils considèrent que c'est un honneur pour eux d'être visités, reconnus dans la situation où ils se trouvent. Et pour nous, c'est l'occasion de ne pas spéculer mais de toucher la misère…

Vers Noël :

Ces jours-ci, tous nos projets tendent vers Noël… Les distributions de paniers alimentaires ou les différents projets éducatifs ou de développement vont s'arrêter autour du 23 décembre.

Nous reprendrons après le Nouvel An.

DIEU EST CAPABLE DE TOUT

Par cette lettre, j'aimerais remercier tous nos bénévoles et nos bienfaiteurs, tous les « Maristes Bleus ». Avec eux, et grâce à leur effort extraordinaire, à leur dévouement, à leur engagement pour vivre dans la simplicité et l'amour, grâce à leur sensibilité pour être attentifs aux plus démunis, nous arrivons à soutenir 600 familles, à éduquer plusieurs centaines de jeunes, à traiter plusieurs centaines de civils blessés de guerre et en sauver des dizaines et à animer tant d'activités de développement et de formation.

Dieu seul est capable de tout… Tel fut le commentaire d'une dame à qui je venais de remettre un médicament indispensable à la survie de son fils.

En empruntant ces mêmes mots, je souhaite que le Seigneur de la Paix et de l'Amour nous fasse découvrir des chemins nouveaux, des chemins d'espérance et de don de soi.

Lettre d'Alep n° 21 (1er mars 2015)
par Nabil ANTAKI

Triste Anniversaire

Alors que j'ouvrais mon ordinateur pour vous écrire cette lettre, le téléphone sonna pour m'avertir qu'une pluie de mortiers s'est abattue sur Azizié, le quartier central d'Alep, près de la Cathédrale latine, à la sortie de la messe de 17 heures. Quelques minutes plus tard, on m'informa de l'Hôpital Saint Louis que plusieurs blessés graves ont été amenés chez nous et qu'il y a eu plusieurs personnes tuées dont une jeune fille de 19 ans, Sima K. Malheureusement, ceci est notre lot quotidien depuis longtemps, et plus spécialement depuis vingt jours, quand les groupes armés rebelles se sont déchaînés sur nos quartiers faisant, quotidiennement, plusieurs morts et blessés par des tirs de mortiers, de bonbonnes de gaz remplies d'explosifs et de clous et par les snipers (une des dernières victimes des snipers est Nour A., 25 ans, cheftaine guide, championne de basket-ball). Victimes innocentes de la violence aveugle. Notre hôpital est rempli de blessés soignés dans le cadre de notre programme « Civils blessés de guerre ».

Triste Anniversaire. Dans quelques jours, nous entamerons notre 5e année de guerre en Syrie puisque tout a commencé en mars 2011. Personne en Syrie n'avait imaginé que les choses se produiraient de cette façon ; personne en Syrie ne voulait de cette guerre, même les plus critiques envers le régime ; personne en Syrie (je dis bien en Syrie) ne voulait la destruction du pays, la mort de 250 000 personnes (sans oublier les centaines de milliers d'êtres humains blessés et/ou amputés), l'exode de millions de réfugiés et les souffrances de huit millions de déplacés.

Triste Anniversaire. Les Syriens souffrent de voir le nom de leur pays associé au terrorisme international, de savoir que 30 000 personnes de 80 nationalités sont venues faire le djihad en Syrie comme si le djihad faisait partie de la tradition de la Syrie, comme si la Syrie était un pays d'islamistes extrémistes alors qu'elle était l'exemple de la tolérance et du vivre ensemble ; les Syriens, musulmans ou chrétiens, se considérant d'abord syriens avant de revendiquer leur appartenance religieuse.

Triste Anniversaire. Les Syriens ont peur de Daech, cette monstruosité qui veut établir un État islamique qui n'a rien à voir avec le véritable Islam, qui s'est « fait la main » sur des milliers de Syriens bien avant qu'il n'égorge des otages américains, britanniques et japonais.

Triste Anniversaire. Les chrétiens syriens sont bouleversés par les attaques ciblées de Daech contre les chrétiens chaldéens de Mossoul, par l'assassinat sauvage des chrétiens coptes égyptiens en Libye, et très récemment, par l'enlèvement des chrétiens assyriens de la province de Hassaké en Syrie. À qui le tour ? Les chrétiens syriens sont angoissés… Nous avons peur…

Triste Anniversaire. Nous sommes toujours dans la pénurie de tout : du fioul, de l'essence, de l'électricité, de l'eau, des médicaments et de beaucoup de produits de première nécessité. Les Alépins ont froid avec un hiver très rude cette année, sans autres moyens de se chauffer que les couvertures. Nous manquons d'eau qui n'est fournie qu'un jour sur six.

Triste Anniversaire. Le coût de la vie a augmenté d'une façon vertigineuse, les prix des différents produits étant multiplié par 5 à 10 fois le prix d'avant la guerre. Les gens se sont appauvris… Le chômage est effrayant. Selon les agences onusiennes, 70 % de la population syrienne vit en dessous du seuil de pauvreté.

Triste Anniversaire. Les Syriens sont désespérés. Ils ne voient pas d'issue à la crise. Ils quittent le pays définitivement sans espoir de retour. La Syrie, et en particulier Alep, se dépeuple de ses chrétiens. Nous avons peur de finir comme les chrétiens de Mossoul… ou ceux des villages de Hassaké… ou bien de mourir bêtement d'un éclat d'obus ou d'un tir de sniper.

Triste Anniversaire. Les Syriens sont, pour le moins, déçus par l'attitude des gouvernements occidentaux et de la Communauté internationale, par ces pompiers pyromanes qui n'essaient pas d'éteindre l'incendie qu'ils ont encouragé et financé chez nous que par des déclarations télévisées, sans avoir le courage d'initier une solution politique qui ne serait pas conforme à leurs intérêts égoïstes. Nous sommes révoltés par tous ces médias qui ne montrent ou ne parlent que des souffrances des 300 000 personnes qui vivent dans les quartiers d'Alep sous contrôle des groupes armés rebelles, oubliant les 2 millions de personnes qui vivent dans la partie sous contrôle de l'État syrien et qui souffrent autant que les autres, si ce n'est davantage.

Devant ces drames, ces déceptions, ces souffrances, ces révoltes, ces angoisses, cette peur, ces désespoirs, que pouvons-nous faire ?… Y a-t-il quelque chose à faire ?… Rester pourquoi ?… Rester pour quoi faire ?… Sommes-nous des héros ou des idiots ?… Reste-t-il encore un espoir à un retour à une vie normale ?… À un retour à la paix ?

Ce sont les Alépins, restés sur place, qui nous donnent des leçons de courage et des motifs d'espérance. Quand on les voit faire n'importe quel boulot pour survivre, envoyer leurs enfants dans les écoles et l'université malgré l'insécurité, sortir tous les matins de chez eux sans aucune garantie de ne pas recevoir une balle d'un sniper dans la rue, rester chez eux sachant que le prochain tir de mortier peut tomber sur leur immeuble, vivre au jour le jour ne comptant que sur eux-mêmes et… Dieu. Oui, quand on voit leur courage et leur résilience, nous faisons taire nos questions sans réponses, nous tenons le coup et nous continuons.

C'est ainsi que nous, les « Maristes Bleus », poursuivons nos différents programmes et projets.

Le projet « Les "Maristes Bleus" pour le logement des déplacés » poursuit crescendo son chemin. Nous avons déjà pu loger 57 familles déplacées ; et si nous n'avons pas pu faire davantage, c'est uniquement par manque de moyens.

Nos différents paniers alimentaires mensuels sont toujours distribués avec une grande générosité (ces paniers, à part les produits de base comme le sucre, le riz, le fromage, la confiture, les lentilles, l'huile, etc., contiennent aussi des œufs, de la viande, du poulet et du lait en poudre pour les enfants ; au total, il y a 22 produits dans un panier) ; « Le Panier de la Montagne » aux familles chrétiennes déplacées de Jabal Al-Saydé, le panier des « Maristes Bleus » aux familles musulmanes déplacées, et le panier de « L'Oreille de Dieu » aux familles vivant dans une très grande précarité sans être déplacées. En plus des aliments, nous donnons à toutes ces familles des vêtements, des matelas, des couvertures et des ustensiles de cuisine, etc. Prochainement, nous allons distribuer des chaussures à tous les enfants. Tous les midis, nous distribuons un repas chaud à 550 personnes.

Le programme « Civils blessés de guerre » poursuit sa mission en traitant dans le meilleur hôpital d'Alep les civils blessés par des balles ou des roquettes ; et ce, grâce à la générosité et au bénévolat des meilleurs médecins et chirurgiens de la ville et au dévouement des Sœurs de Saint-

Joseph-de-l'Apparition. Nous avons, en deux ans, traité des centaines de cas et sauvé la vie de dizaines de blessés. Ces derniers temps, malheureusement, nous ne chômons pas, beaucoup de civils sont atteints par des mortiers qui tombent d'une façon aléatoire.

Bien sûr, nous continuons à prendre soin des enfants et des jeunes qui sont pour nous la grande priorité.

Les 2 projets « Apprendre À Grandir » et « Je veux Apprendre » s'occupent quotidiennement de plus de 150 enfants d'âge préscolaire ou scolaire (mais qui ne vont pas à l'école pour diverses raisons) respectivement.

« Skill School » pour les adolescent(e)s et « Tawassol » pour les jeunes mamans ont repris après une pause pour Noël.

Notre centre de formation, « le MIT », ne chôme pas. Nous sommes submergés de demandes de participation aux workshops que nous organisons deux fois par mois d'une durée de trois jours chacun pour 20 jeunes adultes. Les derniers workshops traitaient du « Management du temps », « Comment rédiger un rapport ? » « La créativité » et « La comptabilité avec un programme informatique ». Les conférences mensuelles sont aussi très appréciées.

Enfin, « Oasis », notre centre de formation spirituelle pour les jeunes chrétiens, organise depuis plusieurs mois des séminaires-retraites pour les jeunes qui le désirent, et prend de plus en plus de l'ampleur.

Vendredi 27 février, nous avons organisé une journée de formation pour les 70 bénévoles des « Maristes Bleus ». Nous y avons abordé le thème de l'année des Maristes du monde entier : « Être sensible à la détresse des plus démunis » comme l'a été saint Marcellin Champagnat avec un jeune mourant illettré, ce qui l'a conduit à fonder la congrégation des « Frères Maristes ». Nos bénévoles sont formidables, sensibles aux autres, dévoués, respectueux de la dignité d'autrui et vivant la solidarité à la manière de l'Évangile.

Ce qui nous console, nous, les « Maristes Bleus », c'est ce réseau de milliers d'amis que nous avons de par le monde, ce sont les centaines de messages d'amitié et de solidarité qui nous parviennent, chaque mois, des 5 continents.

Chers amis, votre amitié nous est précieuse, votre solidarité nous réconforte, vos dons nous financent, vos encouragements nous permettent d'aller de l'avant et vos prières nous touchent.

Il y a un siècle, en 1915, un génocide contre les Arméniens et les Syriaques a été exécuté par les Ottomans. Un prêtre dominicain français, Jacques Rhetoré, un grand savant en a été le témoin et a écrit son témoignage dans un livre intitulé *Les chrétiens aux bêtes*. Malheureusement, les chrétiens dans nos pays sont maintenant la proie des sauvages. Puissions-nous ne pas être les témoins ou les victimes d'un éventuel second tome de ce livre !?

Malgré tout, et en dépit de tout, si nous avons perdu espoir, nous gardons intacte notre Espérance qui, sans elle, notre foi n'aurait aucun sens.

L'Espérance
Interview au journal italien Avvenire (le 27 mars 2015) par Nabil ANTAKI

– Comment vivez-vous cette période ? Que signifient pour vous, dans ces moments difficiles, la mort et la résurrection ?

Les Syriens vivent cette période avec une très grande lassitude. Après quatre années d'une guerre sauvage, ils ne voient pas de solution prochaine. Ils sont las, fatigués de vivre continuellement en danger, de voir leurs enfants grandir dans cette atmosphère, de constater que l'avenir des jeunes est bouché et que leur pays est en train d'être détruit. Ils se déplacent, se réfugient, s'exilent et émigrent, surtout les chrétiens. À Alep, la moitié des chrétiens l'ont déjà quitté. Quant à nous, nous passons souvent par des périodes de pessimisme et de désespoir. Ce qui nous maintient, c'est notre foi profonde en l'Espérance chrétienne qui nous anime, même quand nous avons perdu espoir. Pour nous, espérer, c'est avancer quand tout semble bloqué, quand tout paraît terminé. C'est vivre d'un choix essentiel : « Ne crains rien, Je te porte dans la paume de ma main, Je fais de toi mon ami ». C'est l'Espérance qui nous aide à nous surpasser dans le don et le dévouement, à aimer plus que nous ne pouvions imaginer.

L'Espérance veut dire que Jésus, qui s'est incarné et mort sur la croix pour nous, est ressuscité, et il vit en nous.

Après sa Résurrection, Jésus envoya dire à ses disciples qu'il les attendait en Galilée. Les disciples étaient tristes et désespérés, car Jésus était mort. Ils avaient perdu tout espoir. Leur rendez-vous en Galilée, avec Jésus ressuscité, leur a donné l'Espérance. Ils ont su qu'après la mort, il y a la résurrection. Nous pensons qu'il y a une « Galilée » dans la vie de chacun de nous.

– Pouvez-vous donner quelques exemples de vivre-ensemble (cohabitation) entre chrétiens et musulmans dans la situation difficile d'Alep ?

La Syrie est le berceau du christianisme. C'est chez nous que les disciples du Christ furent appelés chrétiens pour la 1re fois. Les chrétiens syriens ne sont pas des nouveaux convertis. Ils sont en Syrie depuis le début. Avant la guerre, il n'y avait pas de tensions entre chrétiens syriens et musulmans syriens. Tous se sentaient d'abord syriens avant de revendiquer leur appartenance religieuse. D'ailleurs, la guerre que nous vivons n'a jamais été une guerre confessionnelle ni une guerre contre les chrétiens, même si les islamistes djihadistes s'en sont pris aux chrétiens récemment.

Nous vivons une très grande fraternité avec les musulmans. Dans notre ONG les « Maristes Bleus », nous avons des bénévoles musulmans qui travaillent avec les mêmes valeurs que nous. Les bénéficiaires de notre aide alimentaire, médicale, éducative, etc. sont autant musulmans que chrétiens. Dans mon cabinet de médecin et à l'hôpital privé où je travaille (qui appartient à une congrégation religieuse « Les Sœurs de Saint-Joseph-de-l'Apparition »), la majorité des malades que nous soignons est musulmane. D'ailleurs, nos compatriotes musulmans disent clairement qu'ils ne s'identifient pas du tout avec l'Islam des terroristes extrémistes et le condamnent.

– Quelles sont les possibilités de construire une paix vraie et durable en Syrie ?

Tous les Syriens aspirent à la paix et regrettent le temps, pas si lointain, où ils vivaient, en paix, dans un pays stable, sûr, prospère et laïc, qui respectait tous ses citoyens, quelles que soient leur origine ethnique ou leur appartenance religieuse. Ils savent que c'est une guerre importée. Ils sont persuadés que cette guerre, au lieu d'accoucher d'un printemps rayonnant, a abouti à un hiver glacial. Les Syriens sont donc désireux de la paix. Il faudrait, pour l'avoir, que les acteurs externes le veuillent en fermant les robinets du financement et les frontières en face de tous les extrémistes du monde qui veulent établir en Syrie un régime moyenâgeux en usant de la sauvagerie. Il faudrait que les « gendarmes du monde » cessent leurs interventions néfastes. On a vu le résultat de toutes les guerres menées par ces puissances depuis la Seconde Guerre mondiale, elles n'ont abouti qu'à la destruction des pays.

Quant aux Syriens, ils sauront, le jour venu, faire la paix entre eux parce que ce conflit n'a jamais été une guerre entre les Syriens.

Note de Nabil ANTAKI (le 4 avril 2015), envoyée à partir du Liban

Comme Internet est interrompu à Alep depuis onze jours à cause de la prise de la ville d'Idlib par al-Nosra, sœur jumelle de Daech, nous n'avons pas pu vous mettre au courant de nos différentes activités récentes. En voici un résumé :

1- Les enfants de nos familles déplacées des programmes « Apprendre À Grandir » et « Je veux Apprendre » ont fêté leurs mamans (la fête des Mères en Orient tombe le 21 mars) à tour de rôle lors de 2 fêtes très appréciées ;

2- Nous avons distribué les paniers alimentaires des 2 projets « Le Panier de la Montagne » et le Panier de « L'Oreille de Dieu » aux familles déplacées et démunies avec, en plus des 22 produits habituels, 1 kg de viande par famille pour le repas de Pâques et des chaussures pour tous les enfants de moins de 18 ans ;

3- Une conférence, très appréciée, a été donnée à notre MIT par Me Ala'a Al Sayed sur l'histoire d'Alep au début du XXe siècle avec sa petite histoire et des photos d'archives ;

4- « Oasis » a organisé « les Pâques des Jeunes » d'une durée de trois jours pour 30 jeunes chrétiens et qui va se terminer ce samedi soir ;

5- Une jeune fille de 20 ans, A.K., étudiante en architecture, fille d'une famille déplacée dont nous avons la charge depuis juillet 2012, a été atteinte par un tir de mortier et est actuellement aux soins intensifs dans un état terminal de mort cérébrale. Nous sommes tous très bouleversés par la perte de cette jeune ;

6- La situation de l'eau, électricité, pénurie et tirs de mortiers n'a pas changé.

En dépit de tout, et malgré notre désespoir, nous essayons de garder l'espérance surtout en cette période de Pâques et vous disons : « *Christos Anesti* ».

Note de Nabil ANTAKI (12 avril 2015)

La nuit de vendredi à samedi a été terrible avec des bombardements des quartiers Sleimaniyé et Awjet Kallas par des fusées (et non plus de mortiers) avec des immeubles détruits, beaucoup de morts et de blessés. Beaucoup de familles ont quitté ces quartiers. Sept familles (30 personnes) se sont réfugiées chez nous. Nous avons aménagé l'endroit pour les accueillir. Que nous réservent les prochains jours ?

P.-S. Leyla et moi sommes rentrés de Beyrouth samedi matin et sommes arrivés saufs.

Note de Nabil ANTAKI (15 avril 2015)

À la suite du bombardement du quartier chrétien de Sleimaniyé dans la nuit du vendredi 10 au samedi 11 avril, des dizaines de personnes sont venues se réfugier chez nous, chez les Frères. Certaines familles sont rentrées chez elles ; seules sont restées celles dont l'appartement a été détruit. Nous avons suspendu nos activités pédagogiques cette semaine. Dans le cadre de notre projet « Civils blessés de guerre », nous avons soigné cette semaine sept blessés très graves. Certains sont toujours aux soins intensifs.

Les Alépins ont vécu cette semaine dans l'angoisse et la peur de nouveaux bombardements. Le quartier de Zahraa l'a été mardi et Seif Al Dawle hier. Beaucoup de familles ont quitté Alep pour se réfugier momentanément dans les villes du littoral (Tartous et Lattaquié) ou dans les villages de la vallée des chrétiens.

Internet (ADSL) est toujours interrompu depuis vingt-six jours. Seul marche le 3G d'une façon fantaisiste.

Nous avons quand même distribué le Panier des « Maristes Bleus » vendredi aux familles déplacées. Et nous avons maintenu la session du MIT sur « Les techniques de négociation » avec 23 participants.

Aujourd'hui dimanche 19 avril, nous avons réuni tous nos bénévoles pour leur exprimer notre solidarité, leur remonter le moral et préparer avec eux la logistique au cas où, à Dieu ne plaise, d'autres évènements conduiraient les familles dont nous avons la charge à venir se réfugier chez nous.

Note de Nabil ANTAKI (3 mai 2015)

Depuis notre dernier message, la tension est montée de plusieurs crans à Alep avec la poursuite du bombardement des quartiers à majorité chrétienne. Sleimaniyé, c'était le 11 avril. Puis il y a eu le bombardement de la place Farhat qui a causé de graves dégâts à la cathédrale maronite et l'évêché grec catholique. Puis, c'était le tour de la cathédrale des Quarante-Martyrs des Arméniens orthodoxes qui a été rasée. Les jours suivants, les obus sont tombés sur la rue Costaski Homsi, la principale artère du centre-ville et le quartier Telal, abandonné, maintenant, par ses habitants. Avant-hier, le club d'Alep a été atteint. Hier, c'était le tour du quartier Siryane Al jadide. Aujourd'hui, c'est le Mogambo… Beaucoup de personnes tuées et blessées.

Beaucoup de familles ont quitté pour aller se réfugier dans les villes du littoral.

L'eau et l'électricité sont toujours très rares quand elles ne sont pas coupées. ADSL est toujours interrompu depuis quarante jours. Seuls les chanceux qui ont le 3G ont accès à Internet et encore, avec un débit très lent et un accès très irrégulier.

Grâce à Dieu, nous, les « Maristes Bleus », n'avons pas eu de victimes dans nos rangs ni parmi les bénéficiaires de nos différents programmes. Tous nos projets sont poursuivis malgré tout. Nous recevons beaucoup de messages de solidarité et d'amitié sur FB et par e-mails auxquels il ne nous est pas possible de répondre. Nous vous en remercions.

Alep se meurt. Alep vit
Texte de Nabil ANTAKI (mai 2015) (*La Croix*)

La vie quotidienne à Alep est rythmée par la recherche de la satisfaction des besoins essentiels. Quand l'eau est complètement coupée (comme ce fut le cas pendant soixante-dix jours il y a exactement un an, ou récemment pendant douze jours consécutifs), en avoir devient la principale occupation des gens. Il faudra alors trouver un de ces petits camions-citernes qui se ravitaillent en eau aux puits artésiens des jardins publics et le payer pour remplir le réservoir de 500 ou 1 000 litres que les familles ont installé sur le toit de leurs immeubles. Et quand l'eau revient, elle n'est fournie qu'une fois par semaine. L'occupation des Alépins, alors, est de remplir le réservoir, des bouteilles, des bidons, arroser les plantes, faire la lessive… À condition qu'on ait l'électricité. Or, celle-ci n'est fournie que 2 heures par 24 heures. Nous restons souvent plusieurs jours sans électricité. Depuis quelques mois, des générateurs privés ont été installés par des commerçants dans tous les quartiers et les gens achètent le courant électrique fourni quelques heures par jour, chacun selon son budget : un ampère qui allume quelques ampoules ou 3-4 ampères qui font fonctionner le réfrigérateur et la télé. Heureusement que le printemps est arrivé, nous n'avons plus besoin de nous chauffer. Il y a quelques semaines encore, trouver du fioul relevait du parcours du combattant.

La vie quotidienne à Alep est dangereuse. Les snipers font des ravages parmi les piétons innocents. Nous sommes soumis depuis trois ans à un bombardement quotidien de la part des groupes rebelles armés. Les mortiers, bombes et fusées tombent d'une façon aléatoire sur les quartiers habités. Tous les jours, nous déplorons des personnes tuées ou blessées, et des immeubles détruits. Depuis un mois, ce sont les quartiers à majorité chrétienne qui sont visés, occasionnant beaucoup de morts, des dizaines de blessés graves et des quartiers fantômes, leurs habitants fuyant les zones bombardées. Trois cathédrales (maronite, grecque catholique et arménienne catholique) ont été gravement endommagées ; la fameuse cathédrale des Quarante-Martyrs des Arméniens orthodoxes a été complètement détruite.

La vie quotidienne à Alep est devenue très chère. Alep, la 2e ville de Syrie, sa capitale économique (avant les évènements) est devenue une ville sinistrée. Son industrie a été entièrement détruite ou pillée. Les secteurs des services, de l'agriculture et du tourisme sont évidemment inexistants. Le coût de la vie a grimpé d'une façon astronomique. Le taux de chômage est effrayant et quand quelqu'un trouve un petit job, il n'est payé que trois fois rien. 80 % des familles sont des déplacées internes qui ne vivent plus chez elles. 80 % des familles survivent grâce aux paniers alimentaires mensuels fournis par des organisations internationales ou par des ONG locales.

Alep se dépeuple, surtout de ses chrétiens. Quatre années de guerre ont eu raison de la détermination de beaucoup de familles qui ont quitté pour démarrer une nouvelle vie ailleurs. Jusqu'à il y a quelques mois, la moitié des chrétiens d'Alep avaient quitté. Il y a moins de deux mois, Idlib et Jisr al Choughour (2 villes moyennes situées pas loin d'Alep) ont été prises par les djihadistes de Daech. Leurs habitants chrétiens (comme ceux de Raqqa et de Mossoul auparavant) ont été obligés d'abandonner leur maison et leur ville et de se réfugier à Alep ou à Lattaquié. Les chrétiens d'Alep ont peur de subir le même sort et, depuis, il y a un exode massif des chrétiens d'Alep. Combien en reste-t-il ? Probablement moins de 50 000, qui vivent dans la peur et l'angoisse de l'avenir proche, d'autant plus que les rumeurs d'un éventuel assaut circulent très largement. « Tiens, vous êtes encore là ? Vous n'avez pas encore quitté alors qu'il est encore possible de le faire ? » Voici la question lancinante entendue tous les jours, plusieurs fois par jour.

Paradoxalement, Alep vit (malgré tout).

Cette guerre a démontré que les Alépins avaient une capacité de résilience extraordinaire. Beaucoup ont survécu en s'adaptant, d'autres en acceptant leur sort sans se lamenter et tous sont devenus fatalistes.

Les gens continuent à vaquer à leurs occupations ou à circuler dans les rues, même quand les obus tombent ; personne ne se terre chez soi. « Que ce soit chez moi ou dans la rue, si je dois être atteint, je le serai ». Les gens recommencent à circuler dans la rue quelques minutes après la chute d'un obus dans cette même rue.

L'eau est coupée, qu'à cela ne tienne ; toute la famille avec la marmaille, portant des bidons et des bouteilles, s'agglutine devant les églises, les mosquées ou les jardins publics qui ont des puits et attendent des heures que leur tour vienne.

Ceux qui n'ont pas les moyens d'acheter de l'électricité des générateurs privés installent chez eux un accumulateur et des LED.

Ceux qui ont perdu leurs usines, leurs commerces, leurs magasins ou leur emploi se transforment en marchands ambulants, ou installent des étals sur le trottoir, ou construisent une baraque au coin de la rue pour vendre des sandwichs…

Les enfants vont à l'école, même si les locaux sont endommagés ; comme il n'y a presque plus de bus de ramassage scolaire, les parents les emmènent et les ramènent. Cette année, les vacances scolaires vont commencer tôt, les examens de fin d'année ont déjà commencé. Les épreuves du brevet et du bac auront lieu début juin. Les cours à l'Université d'Alep se sont poursuivis toute l'année en dépit de tout.

Les jardins publics, même s'ils ont été souvent touchés par des obus, sont devenus les terrains de jeux des enfants d'Alep. Le bruit de leurs jeux et leurs cris sont entendus à des centaines de mètres.

Malgré la pénurie d'essence, il y a des embouteillages monstres dans les rares artères ouvertes à la circulation automobile. Les bus des transports publics ont recommencé à circuler. Des policiers de la circulation ont refait leur apparition et certains feux de signalisation recommencent à fonctionner (avec des panneaux solaires installés sur les poteaux).

Beaucoup de cafés ont ouvert depuis le début des évènements. Ayant des générateurs et des canaux de télé satellitaires, ils sont toujours bondés surtout par les jeunes qui se retrouvent pour bavarder et suivre les matchs de football des championnats européens.

Malgré le départ de beaucoup de chrétiens, les nombreuses églises sont pleines toutes les après-midi de ce mois de mai pour la prière quotidienne du mois de Marie. Les cérémonies de la « première communion » ont eu lieu tous les dimanches d'avril et de mai dans les différentes paroisses.

Avec le peu de moyens à leur disposition, les ONG locales continuent leurs divers programmes d'aide et de secours.

Même plus, de nouveaux projets sont lancés. Nous avons nous-mêmes, les « Maristes Bleus », initié un projet de distribution de lait en poudre à tous les enfants chrétiens d'Alep de 1 à 10 ans et des boîtes de lait pour nourrissons à tous les bébés de moins de un an qui ne sont pas allaités au sein maternel, ce qui est souvent le cas, vu les circonstances.

Que nous réserve l'avenir ? Quel sera notre sort, le sort de notre ville ? Restera-t-il des chrétiens à Alep ? Des questions sans réponses. Nous aimerions quand même dire un jour comme De Gaulle : « Alep, Alep outragée, Alep brisée, Alep martyrisée mais Alep libérée… »

Quoi dire au pape François ?
Extraits d'un entretien avec Nabil Antaki
(28 mai 2015) "Coordinamento per la Pace in Siria"

– Que pensez-vous de la proposition de Sant'Egidio et de l'ancien ministre Riccardi de faire d'Alep une « ville ouverte », et aussi d'introduire une no-fly zone ?

N. A. : L'initiative de Sant'Egidio était bonne, quand elle avait été lancée en juillet 2014, quand l'alimentation en eau d'Alep avait été coupée (par les groupes armés) pendant soixante-dix jours consécutifs. Il fallait « sauver Alep d'abord ». Maintenant, cette initiative est dépassée. Nous n'avons plus besoin qu'Alep soit déclarée ville ouverte et que des couloirs humanitaires soient ouverts. Bien que la situation soit mauvaise, Alep n'est plus soumise à un blocus comme il y a un an et demi. Les personnes et les produits entrent et sortent par une route que le gouvernement a percée il y a dix-sept mois. Les vivres rentrent, personne ne meurt de faim même si 80 % de la population reçoit une aide alimentaire. Oui, la ville est encerclée, mais il y a toujours cette route qui nous relie à l'extérieur. La ville est sinistrée, mais les gens continuent à vivre en s'adaptant à la pénurie d'eau, d'électricité… Donc, actuellement, les avantages de la proposition de Sant'Egidio sont moins importants que le danger d'une zone d'exclusion aérienne et d'une force d'interposition qui avantageraient les groupes armés et mettraient la ville et ses habitants en danger, à la merci de Daech et de Nosra.

– Le jour de prière pour la Syrie organisé par le pape François en septembre 2013 a été très important ; il a contribué à éviter les bombardements des États-Unis [*et de la France – Ndr*], suite à la désinformation sur les armes chimiques à Ghouta. Que pourrait faire le pape maintenant selon vous ? Que lui dire ?

N. A. : Je dirai au pape François :

« Dès le 1er jour de votre Pontificat, les Syriens vous ont aimé et vous ont adopté. Vos différentes déclarations, homélies, tweets sont beaucoup appréciés et diffusés chez nous. On sent que, chez vous, l'Évangile est au centre de tout, faisant fi de la bureaucratie et du politiquement correct d'une fausse diplomatie.

Vous avez demandé plus d'une fois aux chrétiens de Syrie (et du Moyen-Orient) de ne pas quitter la terre de leurs ancêtres, de s'attacher à leurs racines pour donner un sens à leur appartenance et leur présence en Syrie. Ce à quoi mon groupe et moi, nous nous efforçons de faire depuis des décennies (cf. cette vidéo d'un montage que nous avions réalisé il y a vingt ans). Les différentes organisations catholiques internationales (et beaucoup d'ONG dont la nôtre) font de leur mieux pour soulager les souffrances des Syriens et, en particulier, des chrétiens sur le plan humanitaire.

Saint-Père, nous vous implorons de faire autre chose. Les déclarations, le soulagement des souffrances, l'incitation à rester au pays n'ont pas empêché la moitié des chrétiens d'Alep de quitter définitivement. Les chrétiens de Syrie ont peur doublement : peur physiquement des fanatiques islamistes de Daech et aussi peur de perdre leur avenir et celui de leurs enfants à force de patienter et d'attendre la fin du conflit. Si vous voulez que l'autre moitié des chrétiens reste, il faudrait arrêter la guerre. Nous vous implorons d'user de votre autorité morale, de votre prestige incontestable pour faire pression sur les différents gouvernements afin qu'ils cessent d'armer et de financer les groupes armés, qu'ils luttent effectivement contre Daech et qu'ils fassent arrêter le passage des terroristes par notre frontière nord. Pour qu'une solution politique négociée puisse aboutir, il faudrait que l'opposition accepte le gouvernement actuel de la Syrie parce qu'on ne peut pas négocier avec quelqu'un dont on exige, au préalable, le départ.

Saint-Père, seul vous, pouvez faire quelque chose pour arrêter la destruction de notre beau pays, pour arrêter la mort de centaines de milliers d'êtres humains et pour permettre aux chrétiens de Syrie de rester, ou de retourner, dans leur pays ».

Témoignage : La Dame en Noir
Texte de Nabil Antaki (11 juin 2015) (*La Croix*)

Elle est tout de noir, vêtue et se tient debout, impassible, au croisement de la rue essayant de vendre aux passants et automobilistes des biscuits à la noix de coco. Elle est là tous les jours, sept jours sur sept, sous la pluie ou sous le soleil brûlant, vendant à 25 livres syriennes (huit centimes de l'euro) ses biscuits.

Tous les matins, depuis deux ans, en sortant de l'hôpital, je m'arrête quelques secondes pour lui refiler une pièce et un mot gentil. Une fois, je me suis garé et je lui ai posé la question qui me taraudait : « Pourquoi ? Pour qui ? »

Elle me raconta sa vie : « J'ai un mari qui était chef pâtissier et trois enfants, deux garçons et une fille. Nous habitions Boustan Al Bacha, un des quartiers périphériques d'Alep, et nous étions heureux. Quand en juillet 2012, les groupes armés ont envahi la partie est de la ville, nous avons pris la fuite et tout abandonné. Nous nous sommes réfugiés dans une école publique, de ce côté de la ville. Quelques mois plus tard, mon mari a été atteint par le tir d'un sniper qui l'a paralysé. Plus tard, mon fils aîné a été tué sur le coup par un obus de mortier tiré par les rebelles armés, me laissant à charge sa veuve et ses trois enfants. Le même obus a atteint mon fils cadet qui a été grièvement blessé. Il en a résulté une insuffisance rénale. Quelques mois plus tard, il a subi une greffe de rein. Grâce à Dieu, il va mieux mais devra prendre continuellement des médicaments antirejet qui sont très onéreux. À la même période, nous avons dû quitter l'école qui nous hébergeait et j'ai loué une minuscule chambre dans une cave. Voici mon histoire : un mari paralysé, une belle-fille veuve et ses 3 enfants, mon autre fils qui doit prendre des médicaments très chers ; heureusement, ma dernière, encore célibataire, prend soin de tout le monde pendant que je travaille. J'achète le biscuit à la noix de coco à 15 livres que je revends à 25 livres et c'est ainsi que, avec le panier alimentaire mensuel qui nous est fourni par une ONG, j'arrive à survivre et à prendre soin des sept personnes qui sont à ma charge. Je rentre le soir à la « maison » épuisée d'être restée debout plus de huit heures dans la rue à vendre des biscuits. Mais je dois rentrer avec le sourire pour remonter le moral de la famille. Je n'avais jamais travaillé de ma vie, me contentant d'être une épouse et une maman. Mais ainsi va la vie. Je remercie Dieu pour tout et je me remets à Lui ».

Elle me raconta son histoire avec beaucoup de dignité sans se lamenter et sans protester. Les souffrances, le chagrin et le sort de cette femme et de sa famille m'ont ébranlé mais en même temps, j'ai été profondément touché par sa foi, sa générosité, sa résignation et son amour. Pour moi, pour nous tous, elle est un modèle, un exemple, un Évangile vivant. Son histoire, comme des milliers d'autres, montre que la guerre en Syrie, malgré toutes ses horreurs, a fait jaillir des trésors de générosité et de solidarité chez les Syriens. Dans les ténèbres où nous vivons, elle est une lueur d'espoir, une bougie d'espérance, qui nous rappelle que rien n'est définitivement perdu tant que l'Homme garde son humanité.

Lettre d'Alep n° 22 (21 juin 2015) par frère Georges Sabé

Aujourd'hui, le 19 juin 2015, est le premier vendredi du Ramadan... Ce matin, les rues étaient presque désertes. Tout le monde dormait encore. Les musulmans qui jeûnent ont veillé tard la nuit pour pouvoir déjeuner avant la prière de l'aurore qui annonce le début du jeûne.

Nous avons distribué, aujourd'hui, le panier alimentaire mensuel aux familles déplacées. La maman de Douha n'est pas venue. En fait, la petite Douha de 5 ans est à l'hôpital Saint Louis depuis dimanche, soignée dans le cadre du projet « Civils blessés de guerre ». Elle a été touchée gravement à la tête et à la main par des éclats d'obus. Sa famille habite dans un des quartiers les plus chauds de la ville. Ils sont pauvres. Ils n'ont pas beaucoup de moyen. En fait, ils n'en ont pas du tout. Ce quartier est le moins cher. La dernière maison qu'ils habitaient jusqu'à dimanche matin est la maison de la tante. Ces derniers trois mois, ils s'étaient déplacés deux fois, toujours dans ce même quartier, à haut risque... À chaque obus qui tombait et qui détruisait une partie de la maison, ils devaient se réfugier ailleurs. Douha devra retourner au quartier et vivre dans les mêmes conditions d'insécurité !

Pour elle et pour tant d'enfants comme elle, nous avions lancé le projet éducatif « Je Veux Apprendre ». Comme elle, plusieurs enfants de nos différents projets sont menacés quotidiennement, ainsi que leurs parents, par les tirs. Je pense à Hiba qui va se retrouver avec toute sa famille de huit personnes à la rue. Chez toutes ces familles, nous retrouvons... les mêmes peurs... les mêmes menaces... les mêmes inquiétudes... surtout, quand elles sont attisées par les rumeurs... « Ils vont entrer... Ils ont déjà occupé tel quartier, telle rue... Nous les avons vus, nous avons vu leur drapeau, nous avons entendu leur cri… Nous les avons vus passer »… Mais ce ne sont que des rumeurs annoncées par des prophètes de malheur…

Eh oui, voilà Alep, une ville qui baigne dans les rumeurs d'une possible invasion par les groupes armés. Comme s'il ne suffisait pas aux gens de vivre sous la menace des tirs d'obus et de mortiers et qu'il fallait aussi vivre l'inquiétude du lendemain…

Faut-il chercher une réponse ? Faut-il ne pas créer de panique ? Faut-il s'inquiéter et alarmer les gens ? Que faire, comment agir, quelle parole dire ? Quel acte traduirait la confiance ? Quel geste ?

Plein de questions qui nous obligent à nous, les « Maristes Bleus », à être porteurs d'Espérance.

Quand vous, les amis du monde entier, vous prenez contact avec nous pour avoir de nos nouvelles ou pour montrer votre solidarité et votre appui, nous respirons, nous reprenons des forces, nous nous encourageons à continuer le chemin, aussi dur soit-il…

Ce soir, je pense à tous nos amis musulmans pour qui le jeûne est la période de retour à Dieu et à l'homme, à tout homme, surtout le plus défavorisé, le plus pauvre. C'est le temps du *zakat*, l'aumône… C'est le temps où toute personne a droit à L'*Iftar*, le repas qui met fin au jeûne.

Je pense à mes amis musulmans pieux qui prient et convertissent leurs cœurs. Durant le Ramadan, tout le rythme de vie est changé. Tous les commerces, toutes les activités culturelles et ludiques tournent autour du Ramadan… 29 jours où la vie se transforme en culte et foi.

En Syrie, le Ramadan est une occasion de partager, de s'ouvrir à l'autre : les voisins, les parents, les amis… J'ai toujours été édifié par toute personne qui jeûne… La maman de Kosai, 5 ans, est venue me supplier de le convaincre de ne pas jeûner. Un accord est conclu : un jour sur deux…

Dans la tradition de l'Orient, pour souhaiter au musulman un bon Ramadan, nous leur disons : « *Mabrouk Ta3itkon* » (Que Dieu bénisse votre obéissance). C'est le temps de régler son rythme de vie au rythme de sa foi… Un exemple… un modèle en ce troisième millénaire.

Nos amis musulmans ont toujours respecté que leurs compatriotes chrétiens ne jeûnent pas. Rien n'est imposé aux chrétiens… Ces derniers sont libres de vivre leur vie et leur foi dans la pure tradition chrétienne, sans aucune menace ou impôt à payer.

Nous étions loin du fanatisme qui impose une seule vue, un seul regard, une seule voie… Comme nous sommes loin de ce monde extrémiste étranger à notre histoire et notre tradition culturelle… Nous avons toujours respecté la foi, la culture et les traditions de l'autre.

Aujourd'hui, on veut nous convaincre que l'autre est un ennemi. On veut nous convaincre que vivre, c'est exclure l'autre, ne pas lui laisser de place… On veut nous convaincre que la diversité ne devrait pas exister… Une seule doctrine, une seule vision, une seule loi et tous ceux qui n'y adhèrent pas sont menacés, persécutés, exclus et tués.

Dans ce grand monde qui cherche un sens, proposer Dieu, vivre de sa Foi et s'engager pour l'homme sont un témoignage éloquent des valeurs qui donnent sens.

Notre frère Emili, supérieur général, a voulu présenter les « Maristes Bleus » comme modèles de présence évangélique aux frontières. Nous lui avons dit que nous ne sommes pas des héros et que notre choix répond à un appel intérieur.

La maison des Maristes est pleine d'activités pour les enfants, les jeunes et les adultes. Nous ne chômons pas. Les vacances sont l'occasion pour ouvrir nos portes, lancer des activités en plein air, permettre aux moniteurs de faire l'expérience de l'autre et permettre aux enfants de respirer la joie et l'amitié.

Nous voulons partager avec vous un nouveau projet dont nous avons été les initiateurs et dont nous sommes les responsables. En coordination avec les 19 autres associations caritatives chrétiennes d'Alep, nous avons lancé le projet « Goutte de lait ». Plus de 3 000 enfants chrétiens de moins de 10 ans profitent depuis deux mois d'une distribution mensuelle de lait en poudre ou de son équivalent pour les enfants de moins d'un an.

Les autres projets continuent. Le dernier programme du MIT comprendra 4 sessions de formation.

Nous préparons des paquets d'habits neufs pour les 200 familles qui célébreront la fête du *Fitr*.

Plusieurs blessés par des mortiers et par des balles sont soignés à l'hôpital Saint Louis.

Les paniers alimentaires sont distribués régulièrement. Tous ceux qui en profitent apprécient la quantité et la qualité.

Je profite de l'occasion pour remercier tous nos amis et tous nos bienfaiteurs sans qui nous n'aurions pas pu soutenir les plus démunies des familles d'Alep.

En vous quittant, je vous laisse ce texte de notre ami le prêtre Jean Debruynne tiré des *Trois filles de la Sagesse*, un jeu scénique écrit pour les Guides d'Alep : « Ce sera peut-être aujourd'hui, ce sera peut-être demain, qu'un jour nouveau nous dira oui et nous ouvrira ses deux mains… Écoutez voir, j'entends un pas. Il viendra cette nuit peut-être Celui que l'on n'attendait pas. Nous allons le voir apparaître ».

Notre espérance ne défaille pas !

Bonnes vacances à vous tous. Gardez Alep et ses habitants présents dans vos prières.

Lettre d'Alep n° 23 (8 septembre 2015)
par Nabil ANTAKI

Banalisation de l'horreur

Si nous n'écrivons pas plus fréquemment nos lettres d'Alep, et pourtant vous, nos amis, ne cessez de les demander, c'est parce que nous pensons que la répétition de la dénonciation des crimes commis et des souffrances endurées par les Syriens risque de les banaliser. Nous craignons que, à force de lire les atrocités qui sont commises en Syrie, vous ne perdiez votre faculté d'indignation, que vous vous résigniez à accepter l'inacceptable, et de ce fait, que nous participions tous à la banalisation de l'horreur. Et pourtant, nous ne pouvons pas ne pas raconter et partager avec vous les souffrances de notre peuple.

Alep manque d'eau et les Alépins ont eu très soif et très chaud cet été. Ce n'était pas à cause d'une sécheresse ou de la baisse du niveau de l'eau dans l'Euphrate. La station de pompage existe toujours, elle n'a pas été détruite. Les réservoirs et les bassins sont pleins. L'eau qui s'y trouve est, tous les jours, vidée dans la nature plutôt que d'être pompée dans les canalisations d'eau de la ville. Nous sommes ainsi laissés à la merci des bandes armées qui ont décidé de nous laisser sans eau (avec 40° à l'ombre) pendant de nombreuses semaines. Les files d'attente sont très longues devant les robinets alimentés par les puits qui existent dans les jardins publics, les églises et les mosquées, pour pouvoir remplir bidons, bouteilles et seaux. Pour régler ce problème, les autorités n'ont trouvé d'autre solution que de décider d'un programme de forage de 80 puits, qui, avec les puits existants, pourraient satisfaire le minimum vital d'eau d'une population de deux millions d'habitants. Alep est devenue un gruyère, tellement on y fore de puits et les Alépins commencent à oublier ce qu'est l'eau courante puisqu'il leur faut aller chercher l'eau du puits. Il y a un an, pour ce même crime, vous avez été nombreux à protester et vos médias aussi. Aujourd'hui avec la répétition du crime, il est devenu banal et personne n'en parle plus.

Alep manque d'électricité, « on » ne nous la fournit pas. Ah si, occasionnellement, une heure par jour. Il y a deux ans, quand nous l'avions 4 heures par jour, vous aviez protesté contre ces groupes armés alliés de vos gouvernements qui arrêtaient intentionnellement la fourniture d'électricité. Depuis, les choses ont empiré, mais on n'en parle plus, c'est devenu tellement banal et ordinaire.

Il y a un an, quand les barbares ont commencé à détruire les sites archéologiques en Irak et en Syrie, patrimoine de l'humanité et mémoire de notre histoire, certains ont protesté. Depuis, « ils » continuent à détruire les trésors de la Syrie ; les 2 principaux temples de Palmyre, joyau du désert syrien, étant les derniers à être détruits. « Ils » veulent raser tout ce qui rappelle l'histoire multimillénaire du pays. « Ils » veulent que l'Histoire commence avec eux et personne ne dit rien ; c'est devenu banal.

Ils égorgent des êtres humains. Vous avez protesté il y a un an quand ils ont égorgé quelques Occidentaux. Pourtant, ils n'étaient pas les premiers ! Des centaines de Syriens avaient déjà été victimes de cette barbarie. Beaucoup d'autres ont suivi ; le dernier en date était le directeur des antiquités de Palmyre, un savant de 82 ans, mais plus personne ne proteste. Banalisation ! Bof, égorger un être humain comme on égorge un mouton et alors !?

« Ils » ont enlevé des centaines de chrétiens et de Yézidis en Irak. C'était il y a presque un an. Vous vous êtes indignés et vos dirigeants ont protesté en faisant des déclarations tonitruantes qui ont fait pschitt comme un pétard mouillé. Depuis, « ils » ont enlevé des centaines de chrétiens assyriens à Hassaké, d'autres à Quariatayn au centre de la Syrie. Et personne n'a protesté. C'est devenu banal, ça ne choque plus ; et alors, dites-vous, si on devait s'indigner aussi parce qu'ils vendent les femmes comme esclaves, on n'arrêterait pas de se lamenter ; pour si peu…

La Syrie se vide de son peuple, surtout de ses chrétiens. Ils sont devenus les « réfugiés » qui vous dérangent tant. Il faut les écouter raconter leurs souffrances et les dangers qu'ils affrontent pour passer clandestinement en Europe. Ah, ils n'ont qu'à rester chez eux, dites-vous ? Mais chez eux, c'est l'enfer, c'est le chaos, c'est la mort. Ce ne sont pas des migrants comme vous vous plaisez à les appeler pour soulager votre conscience, ce sont des réfugiés ; et puis, si les réfugiés vous dérangent tellement, pensez-y doublement la prochaine fois avant de déclencher la guerre dans leur pays. Entre-temps, arrêtez celle que vous avez déclenchée en Syrie et vous verrez le flot de réfugiés qui vous dérangent se tarir, les gens préférant de loin rester chez eux et garder leur dignité. Il ne faut pas oublier les milliers de réfugiés qui sont morts par noyade ou asphyxie. Vous ne vous êtes indignés que quand vos médias vous ont montré l'image déchirante et médiatisée du petit Aylan sur une plage turque. Il fallait le faire avant et aussi, maintenant, après ce drame. Mais, mourir en mer, c'est devenu tellement banal !

Devant tant de misères, de souffrances, de morts, de destructions et de drames, nous, les « Maristes Bleus », ne pouvions pas rester les bras croisés. Nous dénonçons, nous attirons l'attention, nous refusons l'inacceptable, nous protestons, nous informons et nous agissons.

Certaines des familles déplacées que nous aidions et les familles de certains de nos bénévoles ont fui la Syrie pour l'Europe en empruntant les voies illégales des passages clandestins des frontières et la navigation en Méditerranée. Nous n'avons pas de leçons à leur donner quand ils viennent demander conseil ni de réprimandes à leur faire. C'est déjà un exploit d'avoir tenu le coup pendant quatre ans et demi. Tout au plus, nous prions pour qu'ils arrivent saufs, sans trop de souffrances.

Face à la crise de l'eau, nous avions, il y a 6 semaines, lancé un appel au secours. Trois associations amies occidentales ont répondu généreusement à notre appel. Nous avons pu acheter 3 camionnettes que nous avons équipées de réservoirs de 1 000 à 2 000 litres d'eau, d'une pompe et d'un petit générateur. Nous avons aussi acheté des réservoirs de 250 litres que nous avons installés chez les familles déplacées. Nous avons ainsi initié un nouveau programme « J'ai soif ». Nous remplissons plusieurs fois par jour les réservoirs des camionnettes à partir des puits artésiens d'une église et nous allons les vider dans ceux des familles déplacées ou chez nos bénévoles.

Notre projet « Goutte de lait » qui consiste à distribuer à tous les enfants de moins de 10 ans du lait en poudre ou du lait pour nourrissons a entamé son 5e mois avec la reconnaissance des parents qui voient leurs enfants grandir normalement en dépit de la guerre.

Nous continuons à aider les familles déplacées ou démunies à survivre grâce aux paniers alimentaires mensuels que nous leur distribuons, et à s'habiller. Nous aidons des centaines de familles déplacées à se loger. Nous participons aux frais des opérations chirurgicales ou des admissions à l'hôpital pour ceux qui n'ont pas les moyens de le faire. Nous continuons à distribuer des repas chauds à midi.

Notre programme « Civils blessés de Guerre » se poursuit pour sauver de la mort les blessés gravement atteints par des obus ou des balles.

La fin de l'année scolaire n'a pas sonné l'arrêt de nos activités pédagogiques. Cet été, comme chaque été, nous avons organisé plusieurs « colonies de vacances » pour les enfants de nos différents projets, en particulier ceux de « Apprendre À Grandir » et de « Je veux Apprendre ».

« Magic Bus 1 », « Magic Bus 2 », « I love Summer » ont fait la joie des enfants qui ont passé des semaines de bonheur et de joie, oubliant la guerre et les privations.

Skill School a poursuivi ses activités avec les adolescent(e)s qui ont profité des vacances scolaires pour vivre de très beaux projets.

Notre « MIT » se porte bien, et malgré la guerre, et surtout la chaleur torride de cet été, les sessions ont continué avec davantage de demandes de participation.

Ce midi, un journaliste canadien m'a demandé au cours d'une interview radiophonique en direct via le téléphone ce que j'aimerais dire à un citoyen européen ou américain. Je voudrais partager avec vous la réponse que j'ai faite : « D'abord, ne perdez pas votre faculté d'indignation devant le drame syrien et les souffrances des Syriens, dénoncez les actes barbares, ne vous habituez pas à l'horreur, évitez que la répétition des dénonciations ne banalise les actes dénoncés. Déclarez votre solidarité avec les gens qui ont faim, qui ont soif, qui sont malades ou blessés, déplacés ou réfugiés, sur les routes ou sur la mer. Considérez les réfugiés comme des êtres humains fuyant la guerre et la mort et non des migrants qui viennent chercher un mieux-être chez vous. Soyez généreux de cœur et hospitaliers. Ensuite, informez, luttez contre la désinformation pratiquée par certains médias, faites pression sur vos élus et vos responsables pour qu'ils changent leur politique afin d'arriver à une solution politique du drame syrien et sauver ce qui peut l'être de la Syrie et de son tissu social. Ensuite et seulement ensuite, donnez généreusement pour aider et secourir ».

Là-dessus, je vous quitte en vous transmettant les salutations et les remerciements de toute notre équipe.

Blocus
Note de Nabil ANTAKI (31 octobre 2015)

Depuis dix jours, Alep est coupée du monde. En effet, la seule route qui relie Alep au reste de la Syrie et du monde est fermée à la circulation du fait des combats féroces entre l'armée syrienne et les groupes de Daech et Nosra qui ont pris d'assaut la route le vendredi 23 octobre.

Depuis, personne n'a pu entrer ou sortir d'Alep, ce qui cause des problèmes à ceux qui doivent quitter ou entrer pour des raisons impérieuses.

De plus, aucune denrée n'est rentrée à Alep, la pénurie des produits essentiels s'est installée : essence, fioul, légumes, fruits, viande, poulet, tout manque sur le marché.

L'électricité (qui déjà n'était fournie que 1-2 heures par jour) n'existe plus, l'unique centrale électrique encore en activité ayant été bombardée par les avions de la coalition.

À nos amis de la paroisse de M.
Texte du frère Georges Sabé (23 novembre 2015)

Ce matin, il fait froid à Alep, un froid presque glacial… Nous sommes privés complètement de l'électricité depuis bientôt un mois. Heureusement que la route qui relie Alep au monde a été ouverte après treize jours de blocus total.

Vivre à Alep, c'est accepter le risque d'attendre…

Attendre la paix…

Attendre le retour à la vie…

Attendre la naissance de la civilisation de l'amour…

En ce temps de l'attente, en ce temps de l'Avent, tout chez nous ressemble à l'attente d'il y a plus de deux mille ans.

Une attente remplie de questions… Un lendemain qui n'arrive pas… Toutes nos prières ne sont pas exaucées.

Quand vous lirez mon texte, j'aurai donné une conférence à une centaine de jeunes qui se demandent : « Pourquoi Dieu disparaît en temps de guerre ? »

Pour eux, je balbutierai quelques mots d'Espérance… j'oserai leur dire : « Oser être, oser être ensemble, jusqu'au bout… »

Les jeunes quittent, les familles quittent… Une réalité vécue par un couple et leur fils, il y a de cela des milliers d'années. Ils vont sur les chemins du monde à la recherche d'un je-ne-sais-quoi, un pays en sécurité. Sur leur route, ils découvrent que la seule assurance qu'ils peuvent vivre, c'est leur foi en Dieu. La menace est très forte pour toute l'annexe. Un jeune me demandait : « Frère, sommes-nous en train de vivre la fin des temps ? » et moi de lui répondre :

« Nous sommes en train de vivre la fin des temps de haine ».

Parler de la peur, c'est parler d'Alep ou de Paris…

Parler de la peur, c'est parler des hommes et des femmes, des enfants et des personnes âgées.

Parler de la peur, c'est parler de cette angoisse quotidienne que vivent beaucoup de parents à chaque lever de soleil.

Les « Maristes Bleus », nous avons choisi de rester auprès d'un peuple qui souffre, de le servir, de lui témoigner de l'amour de Dieu, témoins de la lumière en un temps de ténèbres, témoins de la paix en un temps de violence inouïe…

Bonne route vers Noël…

Avec vous, nous choisissons la vie.

Lettre d'Alep n° 24 (9 décembre 2015)
par frère Georges Sabé

Ce matin, il fait froid à Alep, un froid presque glacial et nous ne pouvons pas nous chauffer, faute de fioul… Nous sommes totalement privés d'électricité depuis plus de cinquante jours. Heureusement que l'eau, sévèrement rationnée, est revenue après une coupure de plusieurs semaines. L'unique route qui relie la ville au monde entier a été réouverte après un blocus de treize jours.

Dans l'après-midi d'hier, A. H., un enfant de 9 ans, est venu chez nous. Il a mis plus d'une heure pour arriver. C'est le 10e d'une famille qui compte 12 enfants. Il voulait du pain. Sa maman l'a envoyé pour que nous lui en donnions. Il ne cessait de répéter : « J'espère que je ne serai pas déçu ». Il ne le sera pas. Il rentrera heureux. Comme lui, beaucoup d'enfants vivent dans une situation précaire : froid, faim, santé menacée, insécurité…

Le 20 novembre, le monde entier a célébré la journée internationale des droits de l'enfant. Les enfants d'Alep, comme beaucoup d'enfants du monde, souffrent des atrocités de la guerre au moment où les grands de ce monde cherchent leurs propres intérêts. Que dire ? Que faire ? Comment soutenir tant et tant d'enfants dans la misère ? Comment apporter à ces enfants un appui psychique, humain et spirituel qui leur permet de vivre pleinement leur enfance ?

Nous avons choisi de leur assurer une éducation de qualité, une éducation dans la pure tradition mariste, une éducation qui, selon le vœu de notre fondateur saint Marcellin Champagnat, fait de l'enfant dans l'avenir « un vertueux citoyen et un bon croyant ».

En discutant, une jeune bénévole très active me lance une question : « Pourquoi suis-je en train de perdre les meilleures années de ma vie ? Pourquoi ne suis-je pas comme tous les jeunes du monde ? Pourquoi n'ai-je pas le droit de vivre en plénitude ma jeunesse ? Est-ce la volonté de Dieu ? Pourquoi ne répond-Il pas à nos prières et à nos supplications ? Malgré toute notre confiance en Lui, nous ne voyons pas la fin de ce tunnel… »

Quelle réponse lui apporter, à elle et à tant de jeunes ? Les écouter, les soutenir, chercher à balbutier des paroles de confiance et de foi. Ce n'est pas toujours facile !

Nos jeunes vivent angoissés… ils cherchent à partir… à quitter cet enfer sans issue… Les parents viennent demander conseil… Que dire ? Quelle réponse donner quand le tableau paraît de plus en plus menaçant et angoissant ? Dans le ciel d'Alep, comme dans le ciel de toute la Syrie, terre de paix et de civilisation, les grandes puissances se battent… Des hommes de toute race et de toute nation, des armes, des avions… Notre pays est devenu une terre et un ciel d'affrontements.

Les parents sont eux aussi tourmentés. Beaucoup de leurs familles ou de leurs amis sont déjà installés ailleurs, dans un autre pays, dans une autre ville syrienne. Quel avenir les attend ?

Des amis me demandent parfois : « Toi, le frère, tu veux rester, tu n'as pas envie de quitter, de partir, d'aller vivre dans une autre communauté, ailleurs, loin de cette situation dramatique ? »

Ma réponse est très simple :

« Pour nous “Maristes Bleus”,

Vivre à Alep, c'est accepter le risque d'attendre...

Attendre la paix, attendre le retour à la vie,

Attendre la naissance de la civilisation de l'amour...

En ce temps de l'attente, en ce temps de l'Avent, pour nous, tout ressemble à l'attente d'il y a plus de deux mille ans.

Une attente remplie de questions.

Un lendemain qui n'arrive pas.

Nous osons être ensemble, jusqu'au bout ».

C'est vrai que beaucoup de familles autour de nous quittent, errent comme le couple et leur fils d'il y a deux mille ans. Ils allaient sur les chemins du monde à la recherche d'un je ne sais quel pays en sécurité. Sur leur route, ils découvrent que la seule assurance qu'ils pouvaient vivre, c'est leur foi en Dieu. »

Au jeune qui me demanda un jour : « Frère, sommes-nous en train de vivre la fin des temps ? », je lui ai répondu : « J'espère que nous vivons la fin des temps de haine ».

Parler de la peur, c'est parler d'Alep ou de n'importe quelle ville de Syrie...

Parler de la peur, c'est parler des hommes et des femmes angoissés à chaque lever de soleil.

Nous avons choisi de rester auprès du peuple syrien qui souffre, de le servir, de lui témoigner de l'amour de Dieu, d'être des témoins de la lumière en un temps d'obscurité, témoins de la paix en un temps de violence inouïe.

Nos activités continuent...

Les paniers alimentaires sont distribués tous les mois sans interruption.

À l'occasion des différentes fêtes (Al-Adha et Noël), nous avons aussi distribué des chaussures et des vêtements à tous les adultes et à tous les enfants des familles dont nous avons la charge. Notre projet « Goutte de lait » se poursuit. Il consiste à distribuer à tous les enfants de moins de 10 ans du lait en poudre ou du lait pour nourrissons.

Nous répondons positivement à toute demande d'aide pour un loyer. Notre projet aide complètement plus de 100 familles déplacées. À travers notre programme d'aide médicale, nous soutenons plusieurs malades qui ont recours à nous pour un traitement médical ou pour des opérations chirurgicales. Le projet « Civils blessés de guerre » continue à sauver la vie de plusieurs personnes blessées par les éclats des mortiers qui tombent quotidiennement sur les quartiers d'Alep.

Notre centre de formation, le MIT qui a beaucoup de succès, a lancé son nouveau programme pour les deux mois à venir.

Les 3 projets éducatifs et de développement : « Je veux Apprendre », « Apprendre À Grandir » et « Skill School » sont sur le point de terminer le premier semestre avec plein d'activités qui répondent aux besoins des enfants ou des jeunes adolescents.

Je voudrais terminer ma lettre avec ces mots de l'abbé Pierre :

« Je continuerai à croire, même si tout le monde perd espoir.
Je continuerai à aimer, même si les autres distillent la haine.
Je continuerai à construire, même si les autres détruisent.

Je continuerai à parler de paix, même au milieu d'une guerre.
Je continuerai à illuminer, même au milieu de l'obscurité.
Je continuerai à semer, même si les autres piétinent la récolte.
Et je continuerai à crier, même si les autres se taisent.
Et je dessinerai des sourires sur des visages en larmes.
Et j'apporterai le soulagement, quand on verra la douleur.
Et j'offrirai des motifs de joie là où il n'y a que tristesse.
J'inviterai à marcher celui qui a décidé de s'arrêter…
Et je tendrai les bras à ceux qui se sentent épuisés. »
Abbé Pierre
Bonne route vers Noël !

Avec vous, nous choisissons la vie.

Le cadeau de Noël
Conte de Noël de frère Georges Sabé
(25 décembre 2015)

C'est une histoire vraie, celle que je vais vous raconter. Je l'ai vécue moi-même cette semaine. Je ne veux pas que le temps de Noël passe sans la partager avec vous.

Lundi 21 décembre vers 11 heures du matin, la maman de Hiba m'appelle. Elle demande un rendez-vous urgent.

Hiba est la 6e d'une famille de 7 enfants. Elle est en grande section de notre projet « Je veux Apprendre ». Quand ses parents étaient venus l'inscrire, elle était une enfant renfermée sur elle-même, triste, très difficile à approcher… Elle ne parlait pas et quand on réussissait à lui arracher un mot, c'était uniquement… « Asma ». On découvrit par la suite que sa sœur Asma, 5 ans, avait été tuée par un éclat d'obus. Et depuis ce jour-là, notre petite Hiba peinait à vivre ou plutôt à survivre… Tout, dans sa vie, s'était arrêté avec la mort de Asma…

Quand nous lui avions offert une poupée de grande taille… elle l'a appelée Asma. Elle ne la quittait pas. Elle la perdra, une nuit de mars 2015, quand des mortiers sont tombés juste à côté de son domicile provisoire. Sa famille a dû errer un certain temps avant de trouver un nouveau pied-à-terre.

Aujourd'hui, Hiba est devenue une enfant épanouie qui accepte de sourire et de s'ouvrir au monde.

Si j'ai parlé de Hiba, c'est pour dire l'ampleur de la souffrance de sa maman.

Elle est donc venue au rendez-vous. Elle était là, digne, sobre et respectueuse. Dans mon cœur, montaient pleines de questions : De quoi va-t-elle me parler ? Comment pourrai-je l'aider ?

Elle commence par me dire : « Je sais d'avance que ce que je vais te demander aura une réponse qui jaillira de ton cœur ».

Je l'écoute attentivement… Cette journée était, déjà, pour moi assez chargée en cette période de fin de trimestre.

Elle ne dit rien de Hiba… Avec une voix triste, les yeux accablés par la douleur, elle me demande d'accepter Aya dans le programme « Je veux Apprendre ». Elle m'explique la situation : Amer (14 ans), Ammar (10 ans) et Aya venaient de perdre leur maman par un tir de mortier qui est tombé sur leur maison située dans un des quartiers à haut risque. Leur papa avait déjà été tué il y a trois ans. La pauvre veuve travaillait avec la maman de Hiba. Les amies de la maman décédée ont fait une collecte et sont allées trouver les enfants et leur ont remis leur petit don. Elles les ont trouvés, seuls chez eux, dans un état pitoyable.

Vous ne doutez sûrement pas de ma réponse qui a fait briller une lueur d'espoir dans les yeux de la maman de Hiba. Elle m'a confié qu'elle exécutait ainsi un vœu de la maman de Aya qui, à maintes reprises, avait souhaité de tout son cœur que sa fille intègre le projet « Je veux Apprendre ».

Mercredi 23 décembre, dernier jour du trimestre, jour de célébration et de fête, jour de joie, jour tant attendu par les enfants… Aya était parmi nous. Nous l'attendions… Son cadeau était prêt.

Mais en réalité, elle était le cadeau de Noël pour nous et sûrement, elle l'est pour vous.

Noël 2015.

Lettre d'Alep n° 25 (le 13 mars 2016) par Nabil ANTAKI

Il fait beau ce dimanche matin de mars, un ciel bleu, un soleil radieux qui réchauffe ; le cessez-le-feu qui est entré en vigueur il y a 2 semaines a poussé les gens à l'optimisme. Les premiers jours, il a été respecté ; le bruit des oiseaux au réveil a remplacé le bruit des bombes. L'électricité et l'eau sont revenues pendant deux jours après une interruption totale de plusieurs mois. Les habitants d'Alep ont passé des nuits blanches à faire la lessive, à prendre un bain, à remplir leurs réservoirs d'eau, de peur que l'approvisionnement en eau et en électricité ne soit que temporaire, comme ça avait été le cas à plusieurs reprises dans le passé. Malheureusement, l'embellie n'a duré que quelques jours. Puis les snipers ont repris leur sale boulot tuant des civils innocents. Puis les obus de mortiers ont recommencé à pleuvoir sur certains quartiers, le groupe terroriste tenant la partie est de la ville n'étant pas concerné par la trêve. L'approvisionnement en eau et en électricité a été de nouveau interrompu. Même s'il devait être rétabli, les Alépins savent que le régime de rationnement va reprendre, l'eau un jour par semaine et l'électricité deux heures par jour. Malgré tout, ce matin, tout le monde a le sourire aux lèvres et l'espoir au cœur.

Ces derniers temps, les évènements se sont succédé : l'exode des Syriens par centaines de milliers vers l'Europe causant des tensions entre les pays européens et parmi les habitants d'un même pays ; l'offensive de l'armée syrienne sur le gouvernorat d'Alep pour libérer notre ville assiégée depuis trois ans et demi par le groupe terroriste al-Nosra ; le cessez-le-feu proclamé, pas toujours respecté, en vigueur depuis quinze jours ; il concerne l'État syrien et une centaine de groupes rebelles mais pas les 2 principaux considérés unanimement comme terroristes ; coupure de la seule route (attaquée par les groupes armés) qui relie Alep au reste du pays pendant huit jours avec comme conséquence l'arrêt de l'approvisionnement de la ville des produits essentiels, et ceci, à quelques jours du triste 5e anniversaire du début de la guerre en Syrie.

Est-ce le début de la fin du cauchemar ? Le cessez-le-feu est-il le prélude à une solution politique prochaine ? Les pays occidentaux, submergés par les millions de réfugiés, ont-ils décidé de hâter la solution politique pour arrêter le flux migratoire ? Va-t-on finalement nous laisser vivre de nouveau en paix entre nous, Syriens, comme nous l'avons fait depuis des siècles ? Faut-il être optimistes et espérer ou réalistes et dans l'expectative ? Ces questions, pour le moment, sans réponses, les Syriens en général et les Alépins en particulier se les posent à longueur de journée.

En attendant, nous, les « Maristes Bleus », continuons notre travail de solidarité avec les familles déplacées et/ou sans ressources. Rami, un de nos bénévoles, me demandait l'autre jour : « Pourquoi vous insistez à dire que nous sommes une association de solidarité et non un organisme humanitaire ? ». La réponse est évidente. Pour nous, « Maristes Bleus », les « bénéficiaires » ne sont pas des numéros sur des listes ; ils ne sont pas des êtres virtuels à nourrir, à loger et à soigner ; ils ont un nom. Derrière chaque nom, il y a un visage, il y a une personne humaine avec son passé, souvent malheureuse ou endeuillée, ses drames, ses souffrances, ses rêves brisés, son avenir hypothéqué ; une personne qui a aussi des désirs et des projets. Nous voulons établir avec elles une relation qui leur permettra de garder, malgré tout, leur dignité, leur humanité et une certaine espérance.

La famille de S.B. n'est pas un numéro. Elle a reçu, il y a un mois, un obus dans son appartement : Soubhi B. a eu une fracture du crâne et du bras et a perdu son nez. Sa femme, Gina B., a perdu ses yeux et ses paupières et tous les os du visage, celui-ci n'est qu'un magma de chair brûlée, et leur fils a été tué sur le coup.

La famille H.R. n'est pas seulement une « bénéficiaire ». Elle a un passé douloureux, un présent excessivement difficile et un avenir incertain. La maman Lina et ses 9 enfants, déplacés et relogés dans une carcasse d'immeuble, dans une chambre sans murs et sans sanitaires sont des personnes humaines. Le mari a disparu depuis des mois. Pour survivre, les enfants, les plus âgés, ramassent le plastique et le carton pour les vendre pour le recyclage, et les plus petits ramassent le pain des poubelles pour le sécher et le vendre comme aliment pour le bétail.

M.K., veuve, mère de cinq enfants, deux fois déplacée, le mari tué par un sniper au début de la guerre, une de ses deux filles décédée il y a un an à la suite de l'explosion d'un obus, un fils étudiant en médecine essayant difficilement d'étudier dans la cave où ils habitent. M. ou sa fille viennent à pied tous les jours chez nous (deux heures aller-retour) pour prendre un repas chaud pour la famille. Est-ce que M. est juste un numéro sur la liste des bénéficiaires du repas de midi ? N'a-t-elle pas besoin qu'on la regarde avec amour, qu'on l'écoute avec respect et qu'on l'accompagne avec discrétion ?

Quelques exemples, parmi de nombreux autres, de drames vécus par les familles déplacées et/ou sans ressources qui sont prises en charge par les « Maristes Bleus ».

Nos différents projets continuent et se développent.

Nous avons créé un nouveau « Panier » pour 244 nouvelles familles que nous avons accepté de prendre à la demande d'une association qui n'a plus les moyens de poursuivre son activité. Au total, ce sont 800 familles déplacées qui reçoivent une aide mensuelle : un panier alimentaire substantiel, un panier sanitaire complet et récemment, le prix d'un abonnement mensuel de « 1 ampère » aux générateurs privés qui ont poussé partout en ville pour suppléer l'électricité « officielle » qui n'est plus fournie. Pour Pâques, chaque famille va recevoir un bon pour l'achat de 1 kg de viande, denrée devenue tellement chère que nos familles ne peuvent pas se la payer.

« Les "Maristes Bleus" pour le logement des déplacés » poursuit son aide pour loger les familles dans de petits appartements. 150 familles ont déjà été secourues, certaines depuis trois ans.

Vêtements, matelas, couvertures, bidons d'eau et ustensiles de cuisine sont fournis à la demande quand il y a un besoin. Un repas chaud est distribué tous les midis à 550 personnes.

L'arrêt total de l'approvisionnement en eau nous a poussés à acheter une 4e camionnette. Équipées d'un réservoir, d'un petit générateur, d'une pompe et d'un tuyau, elles font le plein de leur réservoir d'eau des centaines de puits forés un peu partout en ville, puis elles vont sillonner la ville pour remplir les réservoirs de 250 à 500 litres que nous avons fournis à nos familles. Ce projet « J'ai soif » est très apprécié des familles.

Le chômage, l'augmentation vertigineuse du coût de la vie et le déplacement font que la plupart des Alépins n'ont plus les moyens de se soigner. Avec « le projet médical des "Maristes Bleus" », nous aidons les familles à acheter une ordonnance, à payer le prix des radiographies ou des examens de laboratoire, à payer les frais d'une hospitalisation pour un traitement ou pour une opération chirurgicale : une centaine d'actes médicaux sont financés chaque mois par nous.

Notre programme « Civils blessés de guerre » continue, grâce au bénévolat des médecins et chirurgiens et à la coopération des Sœurs de Saint-Joseph-de-l'Apparition, à soigner gratuitement les civils blessés de guerre à l'hôpital Saint Louis.

Notre projet « Goutte de lait » distribue chaque mois du lait en poudre à 2 700 enfants de 1 à 10 ans et du lait pour nourrissons à 275 bébés de moins de 1 an qui ne sont pas allaités par leurs mamans.

Nous allons bientôt démarrer un nouveau projet « Les "Maristes Bleus" pour l'éradication de l'analphabétisme ». En effet, nous avions constaté que les adultes de nombreuses familles déplacées ne savaient ni lire ni écrire. Ce projet leur permettra de mettre à profit cette période de guerre, de chômage, de vide pour se développer.

« Apprendre À Grandir » pour les enfants de 3 à 6 ans, « Je veux Apprendre » pour les enfants de 6 à 13 ans et « Skill School » pour les adolescents poursuivent leur chemin avec de plus en plus de demandes d'inscription de la part des parents ou des jeunes.

Quant à notre centre de formation, le MIT, ses séminaires sont très prisés. Malheureusement, nous ne pouvons accepter que 20 candidats sur les 50-60 demandes d'inscription pour chaque workshop. Nous en faisons deux par mois, d'une durée de trois jours destinés aux jeunes adultes de 20 à 40 ans pour leur permettre d'acquérir des connaissances dans divers sujets comme, récemment, « Comment réaliser un PowerPoint », « Comment utiliser le programme Excel », « Comment évaluer le rendement d'un projet », etc.

Notre équipe de direction, nos 50 bénévoles, nos employés, les médecins, bref, tous les « Maristes Bleus » travaillent d'arrache-pied pour que tous ces projets soient pensés, planifiés, dirigés et exécutés de la meilleure façon possible, d'une manière mariste. C'est-à-dire connaître « les bénéficiaires », les traiter toujours avec respect et amour, les écouter au besoin et être pour eux une source d'espérance. Nous vous devons beaucoup, chers amis, qui nous soutiennent par vos messages de solidarité, vos prières et vos dons.

Bientôt, nous fêterons Pâques, la fête de la Résurrection, la fête de l'Espérance. Rami, encore lui, m'a interpellé me disant : « Qu'est-ce que c'est que cette Espérance que vous proclamez alors que nous vivons depuis cinq ans dans le noir le plus complet ? » Je lui ai répondu : « Pour nous, les « Maristes Bleus » :

Espérer, C'est demeurer attaché quand tout tremble,

C'est accepter le risque quand tout est assuré,

C'est proposer une présence quand tout est
[non-sens.

Espérer, C'est demeurer habité par l'amour,

nourri par la tendresse,

animé par la paix.

Espérer, C'est avancer quand tout semble bloqué,

quand tout paraît terminé,

quand tout est condamné.

C'est vivre à la limite, à la frontière, à l'extrême

d'un choix essentiel :

"Ne crains rien,

Je te porte dans la paume de ma main,

Je fais de toi mon ami."

Espérer, C'est dire Magnificat

Tu es dans ma vie

et je suis dans la tienne

un éternel poème d'Amour.

C'est l'Espérance qui nous aide à nous surpasser dans le don et le dévouement, à aimer plus qu'on ne pouvait imaginer, à croire de tout notre cœur et pas seulement de toute notre raison.

L'Espérance veut dire que Jésus, qui s'est incarné et mort sur la croix pour nous, est ressuscité, et il vit en nous.

Après sa Résurrection, Jésus envoya dire à ses disciples qu'il les attendait en Galilée. Les disciples étaient tristes et désespérés, car Jésus était mort. Ils avaient perdu tout espoir. Leur rendez-vous en Galilée, avec Jésus ressuscité, leur a donné l'Espérance. Ils ont su qu'après la mort, il y a la résurrection, et après les ténèbres, il y aura la lumière. »

Bonnes Pâques !

Lettre d'Alep n° 26 (le 27 juin 2016)
par frère Georges Sabé

La guerre nous envahit…

Elle vient s'installer à notre table, dans nos cœurs et nos esprits…
Elle s'invite à notre quotidien et le transforme…

La guerre est là…

Elle vient nous annoncer la souffrance et la mort…
Elle vient nous annoncer qu'il faut haïr… qu'il faut détruire les ponts et les relations…

La guerre est là…

Ses machines fonctionnent à plein… Ses tambours battent fortement…
Elle vient transformer nos nuits en un éclair et la chaleur de nos jours en une fournaise…

La guerre est là…

Elle salit nos mains…
Elle oblige tant d'innocents à tenir les armes… à tirer… à bombarder… à tuer et surtout à supprimer l'autre, tout l'autre…

La guerre est là…

Elle s'est installée dans des machines infernales…
Elle voyage vers des destinations de mort…
Elle ne s'arrête pas…
Elle vomit la mort et continue son chemin en vociférant.

La guerre est là…

Elle ramasse les enfants dans des camionnettes comme des boîtes de sardines… entassés… brûlés par la seule envie de tuer…
Ni les larmes des mamans, ni les cris des autres enfants n'auront d'écho…
Ils vont jouer aux héros…
Certains feront la fête dans les ambulances…
D'autres la feront, couchés sur des ruines de non-vie…

La guerre est là…

Elle vient nous dire : « Je ne vous quitte pas… Je vous aime tant… Je vous veux… J'ai envie de vous… Je vous chéris… Je vous invite à mon banquet… Ne ratez pas le rendez-vous… »
Voilà l'adresse… Alep, rue de la honte, immeuble de la misère, étage de la souffrance…

La guerre est notre quotidien.
Nous refusons de participer à son banquet…
Nous choisissons la vie…
Nous choisissons l'autre… dans sa misère et sa volonté de vivre et de survivre.
Pour eux, pour tout enfant, pour tout homme et toute femme, pour tous ceux qui souffrent de cette guerre, nous choisissons de tendre une main… de construire un pont, d'abattre un mur de honte et d'exclusion… Nous choisissons de donner, de nous donner…
Nous choisissons d'être l'instrument du don de Dieu…
Nous choisissons le sentier qui conduit à la vie…

Mohamad est un enfant du projet « Je veux Apprendre ». Depuis la fin de l'année scolaire, il travaille. Comme tous les jours, il vient de m'appeler pour demander de nos nouvelles.

Le mercredi 1er juin 2016 (journée mondiale de prière pour les enfants de Syrie), je lui ai écrit le message suivant :

« Tu viens nous rafraîchir
à la source de la paix ! »

« Allô, bonjour, je veux parler avec frère Georges ! »

Je n'oublierai jamais ta voix… Tu m'appelais pour demander de mes nouvelles. Tu voulais savoir si nous étions bien. Et pourtant, celui qui devait le faire, c'était moi : t'appeler et savoir de toi : Comment vous avez passé la nuit ? Avez-vous été à la cave ? Un mortier serait-il tombé près de chez vous ? Comment vont Omar et Doha ? Ont-ils dormi ? Et toi, mon cher ami, mon petit de 10 ans, comment vas-tu ? As-tu pu déjeuner ? Es-tu allé chercher de l'eau pour vous laver et pour nettoyer la maison ? Combien de bidons as-tu portés ? Et le pain, qui est allé le chercher ? Comment avez-vous fait pour vous approvisionner en gaz ? Avez-vous installé l'ampère ?

Je sais que tu es au travail ! Je n'en suis pas scandalisé. Je sais qu'en travaillant, toi et ton frère, vous soutenez votre maman. Vous travaillez dur. Plus de 10 heures par jour.

Depuis que le projet éducatif est terminé, tu es au travail… Je n'ose rien dire… Pour subvenir au minimum de besoins de votre famille, vous avez besoin de travailler. J'en suis conscient. Où sont vos droits ? Comment vous vivez cette injustice ?

Ton sourire ne te quitte pas. Tu viens illuminer notre vie. Tu viens nous dire tout le bonheur du monde. Tu viens nous rafraîchir à la source de la paix !

« Allô, bonjour Mohamad, je veux t'annoncer une bonne nouvelle :

Aujourd'hui, tu es présent dans la prière de tant d'amis… Non, pas toi tout seul mais tous les enfants de Syrie… Je pense à Georges, le petit qui vient d'être baptisé, à Élias qui a été tué par un mortier, à Hussein qui est parti loin de l'enfer d'Alep. Je pense à Israa qui est tombée malade d'avoir quitté la maternelle des Maristes. Je pense aux enfants qui viennent tous les jours prendre le repas chaud, je pense à Moufid dont la maman m'a annoncé qu'il avait une phobie qui le paralyse, je pense à l'un ou l'autre enfant épileptique et à tant d'autres dont les parents viennent demander des couches…

Mohamad, toi et tant d'autres, vous êtes le centre du monde. Beaucoup de personnes dans le grand monde prient en ce moment pour vous.

Et nous les Maristes qui rêvons avec toi d'un monde de paix et de justice, nous voulons te le dire : pour toi, nous continuerons le chemin de la solidarité, nous bâtirons pour toi un monde sans guerre, nous ferons tout notre possible pour que ta vie soit un chant à la paix ! »

Pour lui, pour ses parents et pour tant de familles, ces choix se traduisent dans nos différents projets.

Les paniers alimentaires sont distribués régulièrement. Chaque famille reçoit aussi un panier sanitaire et 4 000 livres syriennes représentant l'abonnement d'un mois au générateur électrique.

En ce début de l'été, chaque membre de nos familles a reçu une paire de chaussures neuves.

Le projet « Civils blessés de guerre » a pu sauver ce mois plusieurs personnes touchées par les obus de mortiers qui sont tombés en abondance.

Malgré la difficulté d'approvisionnement en lait surtout, celui des enfants de moins de 1 an, nous avons réussi à l'assurer régulièrement à tous les enfants qui profitent du programme « Goutte de lait ».

Beaucoup de familles viennent nous demander de les soutenir pour louer une maison. Certaines familles sont obligées de quitter leur quartier devenu tout d'un coup à haut risque.

La ville a subi plusieurs coupures d'eau. Nos 4 camionnettes sillonnent les quartiers pour distribuer 500 litres par appartement.

Après un temps d'arrêt pour le mois de Ramadan, le projet « MIT » lance un nouveau programme de formation pour les mois de juillet et d'août.

Les enfants de « Je veux Apprendre » ont passé une semaine de colonie de vacances avec pour thème « Tinker bell ». Les plus âgés parmi eux ont passé deux nuitées. C'était la première fois qu'ils vivaient cette expérience.

Les jeunes adolescents ont repris leurs activités dans le cadre du projet « Skill School ». Ils vont « rêver et être créatifs ».

Le 6 juin, nous avons inauguré notre nouvel Espace-Été où toutes les après-midis, une centaine de familles viennent, chez nous, passer un temps de loisir… Les enfants profitent du terrain de jeux que nous avons récemment aménagé et les parents se retrouvent pour respirer un peu d'air frais, prendre un café et surtout se retrouver dans un lieu sûr.

Je termine avec les mots du frère Emili, notre supérieur général, s'adressant aux jeunes de « Skill School » à l'occasion du lancement de leur thème d'activités de l'été :

« Vous les jeunes, vous êtes appelés à écouter vos cœurs pour découvrir quel est votre rêve… Vous avez besoin de moments de silence… Ne laissez pas les seigneurs de la guerre vous voler vos rêves… »

Un carnage
Note de Nabil Antaki (9 juillet 2016)

Un carnage : 43 tués et 300 blessés graves : le bilan du bombardement par des centaines de fusées tirées par les terroristes sur les quartiers populaires d'Alep hier soir, 3e jour de la fête du *Fitr* ; les rues étaient bondées de familles qui, faute de lieu de loisir, offraient à leurs enfants une promenade dans la rue avec l'achat d'un cornet de glace ou d'une coca.

Note de Nabil ANTAKI (28 juillet 2016)

Aujourd'hui, le quartier de Bani Zeid a été libéré par l'armée syrienne. Ce quartier, occupé depuis quatre ans par les rebelles de al-Nosra (Al Qaida en Syrie), était la hantise des Alépins. Une grande partie des mortiers qui sont tombés sur Alep depuis des années faisant des milliers de victimes civiles étaient lancés à partir de Bani Zeid par les terroristes de al-Nosra. La foule des quartiers visés était en liesse aujourd'hui, soulagée de ne plus être la cible des terroristes qui ont pris la fuite vers le nord. Des couloirs humanitaires ont été ouverts par les autorités gouvernementales pour permettre aux civils alépins des quartiers est d'Alep de quitter, en prévision d'une libération prochaine de ces quartiers.

Alep (Ouest) est encerclée et soumise à un blocus
Note de Nabil ANTAKI (7 août 2016)

L'armée syrienne avait, la semaine dernière, gagné une bataille en libérant le quartier de Bani Zeid qui surplombe la ville et d'où les rebelles-terroristes lançaient leurs mortiers et fusées sur les quartiers civils d'Alep depuis quatre ans. Et on nous promettait la libération prochaine des autres quartiers d'Alep occupés par les rebelles.

Hélas, les combats qui faisaient rage depuis trois jours autour de la seule route qui relie Alep au reste du monde dans la région de Ramoussé (la plus proche banlieue d'Alep) ont permis aux terroristes de prendre la route et de ce fait, la route est coupée.

Cette route, percée fin 2013, est notre cordon ombilical ; elle relie Alep à Homs (via Khanasser) et au reste du pays et du monde. Par elle, passe tout le ravitaillement de produits et d'aliments d'Alep. C'est elle, qu'empruntaient les Alépins pour quitter ou revenir en ville.

Depuis jeudi soir, le ravitaillement d'Alep est arrêté. La pénurie s'est installée. Il n'y a plus d'essence, de fioul, de produits frais (fruits, légumes et viandes), le pain est devenu rare. Et les Alépins sont très inquiets pour leur avenir immédiat.

Est-ce que les gouvernements occidentaux vont protester, s'indigner, menacer, présenter une résolution au conseil de sécurité pour demander la levée du blocus d'Alep (Ouest) qui compte 1 500 000 habitants, comme ils l'avaient fait il y a dix jours quand l'armée syrienne encerclait Alep-Est prétextant la survie des 250 000 habitants de cette région ?

Où sont maintenant les protestations de nos amis qui, tombant dans le piège du politiquement correct, demandaient, il y a dix jours, la levée de l'encerclement des rebelles pour des raisons humanitaires ?

Déjà, l'eau et l'électricité étaient coupées depuis longtemps. L'électricité, on l'achetait des générateurs privés et l'eau, on la puisait des centaines de puits forés dans les 2 dernières années. Ce qui est grave, c'est que les générateurs privés et les pompes des puits d'eau ont besoin de fioul, et s'il n'y a plus de fioul, il n'y a plus d'eau. Avec 40° à l'ombre, c'est du plaisir…

Un million cinq cent mille personnes sans eau, je me demande s'il faut le qualifier de crime de guerre ou de crime contre l'humanité !!

Mise à jour (*update*) de la situation à Alep
Note de Nabil ANTAKI (13 août 2016)

Je fais cette mise à jour suite à mon « post » de dimanche où je signalais qu'Alep (Ouest) était encerclée et soumise à un blocus. Depuis :

1- La vie quotidienne s'est améliorée, le gouvernement ayant aménagé une route (non goudronnée) pour contourner Ramoussé et rejoindre la route de Khanasser. Depuis jeudi, des citernes et des camions ont pu entrer à Alep emmenant avec eux du carburant et des denrées alimentaires. La circulation des personnes a recommencé aujourd'hui avec quelques téméraires. Des camions-citernes ont pu être acheminés vers la station de pompage de l'eau, qui est de nouveau fournie à la plupart des quartiers d'Alep. Les voitures ont pu acheter 25 litres d'essence. Les légumes ont refait leur apparition sur les étals des marchés ;

2- Les combats font toujours rage. Les rebelles-terroristes bombardent d'une façon très intense des quartiers civils (Hamadaniye, Khaldiye, etc.) tuant beaucoup de personnes tous les jours et provoquant l'exode de beaucoup de familles de ces quartiers, familles déjà déplacées une première fois il y a 3-4 ans et qui s'étaient réfugiées dans ces quartiers populaires ;

3- Les Alépins sont toujours très inquiets et ont peur. La fameuse « Bataille d'Alep » est annoncée tous les jours et nous sommes dans une inquiétante expectative, quant à sa survenue et son issue.

Mahmoud, 6 ans, né sans bras et devenu sans jambes par l'explosion d'une mine (le 2 septembre 2016) par Nabil ANTAKI

Aujourd'hui, j'ai été visité Mahmoud dans l'appartement où il habite avec sa famille. Ils sont 11 personnes. Il y a son grand-père paternel Mahmoud et sa femme, son oncle Mohamad avec sa femme et leurs 4 enfants, la maman Hazar, sa sœur Ghadir et Mahmoud. Ghadir, 10 ans, est sa demi-sœur, de sa maman ; le papa de Ghadir, Hamam est mort de maladie il y a sept ans. Alors, Hazar a épousé Ahmad, le frère de son mari défunt et elle a eu Mahmoud.

Ahmad avait 21 ans et faisait son service militaire quand, en 2013, il a été kidnappé à Adra avec 20 autres soldats. Bien plus tard, on a dit à la famille qu'il a été tué, mais pour l'armée syrienne il est un disparu, pas un martyr.

Mahmoud Haj Hamam Al Khalaf est né le 7 septembre 2010 (il aura 6 ans dans cinq jours), sans bras, mais il avait ses membres inférieurs et avait appris à utiliser ses orteils pour tenir un crayon ou ses pieds pour tenir un verre. Sans bras et sans jambes, il a l'air tout menu. Il parle bien, répond aux questions, sourit souvent et alors, on voit qu'il lui manque les 4 incisives d'en haut. J'ai su plus tard, en le voyant écrire, que ses dents étaient usées à force de tenir un crayon pour dessiner maintenant qu'il n'a plus ses orteils.

Au début, je me suis assis avec les hommes (le grand-père et l'oncle) et les enfants. Puis la grand-mère nous a rejoints et m'a dévoilé que, pour avoir Ghadir, la maman de Mahmoud avait été traitée par mon frère Amine (gynécologue réputé, tué par les terroristes sur la route de Khanasser en août 2013 quand ils ont tiré sur le bus rempli de civils qui rentraient de Beyrouth à Alep). Pendant tout l'entretien, bien que tristes, personne ne pleurait, bien au contraire, ils gardaient leur bonne humeur devant Mahmoud. Pendant la conversation, Mahmoud jouait à un jeu sur un smartphone en pressant avec son nez. Puis, j'ai demandé que sa maman nous rejoigne ; elle est venue avec beaucoup de réticence. Elle s'est sentie à l'aise quand elle a constaté que je l'avais vue à l'hôpital pendant l'hospitalisation de Mahmoud. C'est une belle femme, triste, qui ne sourit pas. À chaque fois qu'elle parlait, elle pleurait, puis se retenait.

Donc, la famille vivait à Tadef, une petite ville au nord-est d'Alep, à une heure de route et qui était, avec Al-Bab, Menbij, Jarablous et Raqqa, sous le contrôle de Daech depuis 2014. Daech ne laissait pas (et ne laisse toujours pas) les habitants de ces villes quitter pour se servir d'eux comme boucliers humains. Alors, ceux qui veulent quitter le font en cachette en passant par les champs et la nuit avec l'aide de passeurs.

La famille avait décidé de quitter parce qu'elle ne voulait plus vivre sous Daech. Les grands-parents avaient, les premiers, quitté Tadef. Le tour de Mahmoud, sa maman et sa sœur était venu. Ils ont quitté Tadef le 27 novembre 2015 avec l'oncle maternel, frère de Hazar et qui s'appelle Khaled. Un microbus les avait conduits à travers les champs vers un village qui s'appelle Ahras distant de 25 km. On leur avait dit d'attendre en bordure du village en se cachant. Puis à 10 heures du soir, le passeur leur a dit que c'est le moment de marcher. Ils devaient marcher pendant des heures vers le nord en direction de Mare'e puis de Azaz et de là, venir à Alep en microbus. Mahmoud était porté (c'était la nuit et il n'avait que 4 ans et demi) par son oncle maternel. Ils marchaient quand ils ont sauté sur une mine. L'oncle Khaled a eu les jambes arrachées ainsi que ses viscères et il est mort sur le coup. Mahmoud, porté par l'oncle, a eu quand même les jambes en lambeaux. Des gens sont venus les secourir et les ont pris à l'hôpital Al Salam de Al-Bab (sous contrôle de Daech). La maman et la sœur n'ont pas été blessées. D'après la famille, les mines ont été plantées par Daech pour empêcher les gens de quitter et aussi pour séparer leur territoire du territoire de al-Nosra qui occupait Mare'e. Mahmoud est resté un mois à l'hôpital où il a été amputé des 2 jambes. Puis la famille en deuil de l'oncle maternel et triste du sort de Mahmoud est rentrée chez elle à Tadef. Au bout de plusieurs mois de négociations, Mahmoud, Ghadir et Hazar ont pu obtenir une autorisation de Daech de quitter pour raison médicale (obtenir des prothèses à Mahmoud) et ils sont arrivés à Alep il y a quatre mois, puis ils ont été rejoints par Mohamad, l'oncle paternel et sa famille. Il y a un mois, Mahmoud a été hospitalisé chez nous à l'hôpital Saint Louis pour arranger chirurgicalement les moignons des jambes et permettre la mise de prothèses.

J'ai pris quelques photos de Mahmoud, de sa famille et, après beaucoup d'insistance de la maman. J'ai pris aussi 2 courtes vidéos.

J'ai raconté à la famille que Mahmoud est connu maintenant en Europe, que beaucoup de personnes se sont intéressées à lui et veulent l'aider pour le traiter (prothèses…) et pour lui assurer son avenir. La famille a donné son accord. Elle est aussi d'accord pour rencontrer des journalistes italiens que Marinella a proposé d'envoyer pour faire une émission. Leur réponse est la suivante : « si c'est pour aider Mahmoud et nous aider, nous sommes d'accord. Par contre, nous refusons d'être exhibés pour le plaisir des téléspectateurs ».

J'ai beaucoup aimé Mahmoud. Le voir sans bras et sans jambes inspire d'abord la pitié, puis le respect à le voir se débrouiller sans pleurnicher et puis l'amour quand il sourit.

P.-S. En avril 2017, des reporters de la chaîne de télévision italienne Mediaset qui font l'émission « Le Iene » sont venus, avec et grâce à notre amie Marinella, à Alep faire un reportage sur Mahmoud. Il a été diffusé à la télé italienne fin mai 2017. En 2 heures, une levée de fonds pendant l'émission a permis de récolter une très bonne somme. Cette somme sera consacrée à Mahmoud pour lui permettre d'avoir des prothèses aux membres inférieurs amputés et les changer chaque année jusqu'à ses 17 ans. À 17 ans, il ira en Italie pour avoir des prothèses pour ses membres supérieurs. Entre-temps, il faudra soigner sa scoliose avec des corsets et éventuellement, une opération chirurgicale.

Lettre d'Alep n° 27 (le 17 septembre 2016)
par Nabil ANTAKI

Révolte et compassion

La trêve négociée entre les Russes et les Américains est entrée en vigueur il y a maintenant cinq jours. Jusqu'à présent, elle est plutôt respectée. Les Alépins de confession musulmane ont pu fêter le *Aïd al-Adha* (la fête du sacrifice) dans les rues et les jardins publics sans avoir peur des mortiers et des bonbonnes de gaz pleines de clous et d'explosifs que les rebelles lançaient sur Alep depuis maintenant quatre ans et deux mois, faisant tous les jours de multiples victimes. Jusqu'à présent, il n'y a pas eu de carnage comme, il y a soixante-dix jours, lors de la fête du *Fitr*, quand les mortiers lancés sur les quartiers civils, sur des rues pleines de familles en fête, ont fait des dizaines de morts, surtout des enfants. Mais les Alépins sont sur leurs gardes, ils sont sceptiques quant au respect prolongé de la trêve puisque celle-ci ne concerne pas les deux groupes reconnus comme terroristes par la communauté internationale, Daech et al-Nosra.

La situation est récemment devenue très compliquée. Il y a maintenant une internationalisation du conflit sur le terrain. D'une part, la Turquie, qui, pendant des années, a soutenu les terroristes en les laissant transiter par ses frontières et en les armant, est devenue un acteur direct sur le terrain. En effet, son armée est entrée en Syrie (sans l'accord de la Syrie, qui est un État souverain, membre fondateur de l'Onu) pour soi-disant combattre Daech, mais c'est surtout pour combattre les milices kurdes qui contrôlent plusieurs villes et villages de la bande frontalière, du côté syrien, du sud de la Turquie. Or, ces milices sont soutenues, conseillées et armées par les Américains qui sont, en principe, les alliés de la Turquie. Quel imbroglio. D'autre part, les Américains ont admis qu'ils avaient une base en Syrie avec des membres des forces spéciales du côté de Hassaké, à l'est de la Syrie. Enfin, on n'évoque plus la reprise des négociations et les positions restent figées.

Alep, notre ville, souffre toujours. Les médias occidentaux en ont fait la vitrine médiatique du conflit. Les Alépins se seraient passés de cette renommée. Ils souffrent depuis plus de quatre ans et ont hâte que ce cauchemar cesse. Ils sont révoltés quand les médias ne parlent que des souffrances des civils des quelques quartiers de l'est d'Alep contrôlés par les rebelles et les terroristes et qui comptent 250 000 habitants. Les souffrances du million et demi d'Alépins d'Alep-Ouest sont passées sous silence. Ils sont révoltés par les dizaines d'obus de mortiers, de fusées ou de bonbonnes de gaz qui tombent chaque jour sur les quartiers civils d'Alep sans que personne ne proteste. Ils sont révoltés par la coupure totale de l'électricité depuis longtemps, les centrales électriques se trouvant du côté des rebelles. Ils sont révoltés par la coupure totale de l'eau pendant la canicule de l'été (40° à l'ombre), obligés d'utiliser l'eau des 300 puits forés en pleine ville ces 2 dernières années. Ils sont révoltés par le blocus qu'ils subissent quelque temps et la pénurie qui s'ensuit. Ils sont révoltés de voir, à chaque fois que l'armée syrienne avance un peu ou gagne une bataille pour desserrer l'étau que les terroristes ont imposé à Alep, les gouvernements et les médias crier au crime contre l'humanité et demander une trêve pour arrêter la progression de l'armée syrienne.

Les drames, que nous vivons ou observons, sont tellement nombreux que nous sommes sans cesse révoltés. En voici quelques exemples :

Mahmoud, un garçon de 6 ans, orphelin de père, est né sans bras. Il vivait avec sa maman, sa sœur et son oncle dans une petite ville du gouvernorat d'Alep sous le contrôle de Daech. Ce groupe ne laisse pas les habitants des villes qu'il contrôle quitter, il les garde comme boucliers humains. La famille, comme tant d'autres, a décidé de quitter la ville la nuit pour venir à Alep. Mahmoud était porté par son oncle quand une mine, posée par Daech, a explosé tuant l'oncle et abîmant les jambes et les pieds de Mahmoud. On a dû l'amputer. Et voilà Mahmoud sans bras ni jambes. Révolte et compassion.

Le projet immobilier « 1070 » est constitué de dizaines d'immeubles inachevés à cause de la guerre, sans murs, sans sanitaires, juste le sol et le toit. Ils étaient occupés par des centaines de familles déplacées. Elles avaient quitté leurs appartements en juillet 2012 quand les rebelles ont envahi leurs quartiers et se sont réfugiées à Alep sous contrôle de l'État syrien. Elles avaient d'abord logé dans des écoles publiques, puis on les a transférées à « 1070 » où elles se sont installées avec des bâches comme murs, des bidons pour l'eau et des seaux pour les sanitaires. Il y a un mois, 1070 a été la cible, plusieurs jours consécutifs, de tirs de mortiers et de fusées lancés par les terroristes de al-Nosra avant qu'ils n'envahissent le coin. Ces déplacés, pour la 3e fois, ont abandonné leurs morts et blessés et le peu qu'ils avaient acquis en quatre ans de misère pour aller vivre sous des tentes plantées sur le terre-plein central en plein milieu du périphérique. Révolte et compassion.

L'exode des habitants d'Alep, surtout des chrétiens, continue. Après l'Europe, puis le Canada, c'est le tour de l'Australie maintenant de délivrer des visas aux réfugiés syriens. Les chrétiens d'Alep ne sont plus que le quart de leur nombre d'avant la guerre.

Entre révolte et compassion, nous, les « Maristes Bleus », continuons nos programmes en faveur des familles déplacées et des plus démunies.

Le programme « Les “Maristes Bleus” pour les déplacés » continue à distribuer des paniers alimentaires et sanitaires mensuels à 850 familles. Nous les aidons aussi à payer le prix de l’abonnement de « 1 ampère » aux générateurs privés pour allumer quelques ampoules le soir. Nous leur donnons une fois par mois de la viande ou du poulet. Nous leur louons des petits appartements pour se loger. Cette année encore, pour la rentrée scolaire, nous avons donné des fournitures scolaires à tous les enfants qui vont à l’école en plus de notre aide pour payer les frais de scolarité.

Le projet « Civils blessés de guerre » continue à soigner les civils, de toutes confessions, blessés par des balles ou des éclats d’obus, à l’hôpital Saint Louis tenu par les Sœurs de Saint-Joseph-de-l’Apparition.

Le « projet médical des “Maristes Bleus” » finance plus de 100 actes médicaux par mois pour aider les malades qui n’ont pas les moyens de payer le coût d’une opération chirurgicale, d’une hospitalisation, d’un scanner ou parfois même, d’une consultation ou d’examens de labo.

Le projet « J’ai soif » continue à distribuer l’eau, gratuitement, aux familles dont nous avons la charge. Nos 4 camionnettes, équipées de réservoirs, font la navette du matin au soir entre les puits et les appartements.

Le projet « Goutte de lait » distribue chaque mois à presque 3 000 enfants âgés de quelques jours à 10 ans des quantités de lait suffisantes pour un mois.

Au début de l’été, nous avons aménagé une partie de notre cour pour en faire un jardin avec des balançoires, des toboggans, etc. Nous avons ainsi inauguré notre Espace-Été de loisirs où nos familles viennent passer cinq après-midi par semaine dans un endroit plus sûr que leurs quartiers. Les enfants jouent sous la surveillance des monitrices et les adultes passent un moment de loisirs à jouer aux cartes, au trictrac, ou tout simplement se détendent en sirotant un café, un thé ou un soda et en épluchant des graines. Nos deux bus font la navette aller-retour entre notre local et les quartiers. Cette initiative a fait la joie de tout le monde et a constitué une bonne thérapie antistress.

Notre équipe de visite des déplacés s'est étoffée de plusieurs bénévoles, anciens laïcs maristes de la famille Champagnat. Elle rend régulièrement visite aux familles, chez elles, même quand elles habitent les quartiers périphériques les plus dangereux comme « 1070 », pour nouer des liens de solidarité, s'enquérir de leurs besoins et essayer d'y remédier.

Nos projets pédagogiques vont bon train. Les éducateurs (éducatrices) des 2 projets « Apprendre À Grandir » et « Je veux Apprendre » se réunissent, depuis début septembre, tous les matins pour des sessions de formation et d'apprentissage des programmes en attendant la rentrée scolaire. Celle-ci sera difficile vu le nombre record de demandes d'admission et de demandes acceptées malgré l'exiguïté des lieux.

Tous les enfants de « Je veux Apprendre », et qui n'allaient pas à l'école pour diverses raisons, ont réussi cet été aux tests de niveau du ministère de l'Éducation nationale et vont rejoindre le cursus scolaire sans commencer de zéro. C'est un sujet de fierté pour les enfants, leurs parents et pour nous.

« Skill School » continue à réunir les adolescent(e)s. Leur nombre a atteint les 75, ce qui constitue le maximum de notre capacité.

Notre centre de formation des adultes, « le MIT. », en plus des sessions de trois jours organisées depuis trois ans plusieurs fois par mois, va inaugurer dans quelques jours une nouvelle formule. Une session de 100 heures étalée sur 8 semaines, 3 après-midi par semaine, pour permettre aux personnes qui travaillent d'y participer. Le thème est : « Comment entreprendre son propre projet ? ». Nous avons engagé les meilleurs experts d'Alep pour aider les jeunes adultes à entreprendre et réaliser un projet et gagner leur vie. Nous enseignerons, d'une façon pratique, aux participants comment trouver l'idée d'un projet, comment le réaliser, comment évaluer le coût du produit, comment faire un budget, comment établir un plan d'action, comment obtenir le financement, comment faire le marketing et la vente. À la fin de la session, les participants présenteront leurs projets au jury composé des experts et nous aiderons à financer les meilleurs projets réalisables.

Notre projet d'« Éradication de l'analphabétisme » a terminé sa 1re session de 40 participants. Tous ont présenté l'examen du ministère de la Culture et ont reçu un certificat attestant qu'ils sont du niveau de la 4e année élémentaire. Il faut voir le bonheur de ces grands adultes recevant leurs certificats et tous fiers de savoir lire et écrire.

Nous continuons à accompagner les familles, à être à leur écoute, à leur fournir un appui psychologique, à comprendre leurs besoins, à leur rendre leur dignité souvent bafouée, à leur donner un peu d'espoir et à leur faire sentir que nous sommes solidaires d'elles.

Révoltés par tout ce que nous subissons, voyons, entendons et sentons, oui, nous, les « Maristes Bleus », sommes révoltés. Nous ne pouvons pas accepter l'inacceptable.

La compassion est une de nos valeurs. Nous partageons la souffrance de nos frères et sœurs, leur détresse, leur désespoir et leurs drames.

La Solidarité est notre façon de vivre la charité et l'amour avec eux et pour eux.

Alep, ville martyre
Article paru dans *Témoignage chrétien* (14 octobre 2016) par Nabil Antaki

Alep, ville martyre ; notre ville fait la une des journaux télévisés et de la presse écrite depuis 2 semaines. Les habitants d'Alep se passeraient de cette renommée d'autant plus que leurs souffrances ne datent pas d'hier.

Bien qu'elle ait débuté en mars 2011 en Syrie, la guerre n'a vraiment atteint la ville d'Alep qu'en juillet 2012 quand les rebelles armés ont occupé quelques quartiers à l'est de la ville provoquant un déplacement de 500 000 personnes qui ne voulaient pas vivre sous le contrôle des islamistes. Depuis, la ville est divisée en deux parties : la partie est qui représente 60 % de la superficie et qui ne compte plus aujourd'hui que 200 000 habitants – les autres se sont réfugiés dans la partie ouest – et la partie ouest qui représente 40 % de la superficie compte un million et demi de personnes et qui est sous le contrôle de l'État syrien.

Depuis 2012, les rebelles islamistes lancent quotidiennement des obus de mortiers et des bonbonnes de gaz remplies de clous et d'explosifs sur les quartiers d'Alep causant des décès et des blessés graves. De plus, ils ont coupé l'approvisionnement en eau de la ville depuis deux ans (les autorités ont dû forer 300 puits en pleine ville pour remplacer l'eau courante) et ont aussi arrêté l'alimentation de la ville en électricité. Ils ont à plusieurs reprises imposé un blocus d'Alep-Ouest avec l'arrêt du ravitaillement de la ville en produits alimentaires, essence, fioul, etc. provoquant des pénuries très graves.

De son côté, l'armée syrienne aidée par ses alliés essaie depuis quatre ans de libérer Alep-Est du contrôle des rebelles armés et de ramener ce territoire dans le giron de l'État, sans succès. De part et d'autre, les bombardements et les snipers ont fait des milliers de victimes et la vie à Alep, depuis quatre ans, est devenue un enfer.

Il y a un mois, les rebelles armés ont pris le contrôle de la seule route qui relie Alep-Ouest au reste du monde empêchant, comme ce fut le cas à plusieurs reprises dans le passé, les habitants de quitter la ville ou d'y rentrer et causant une pénurie grave. Après 3 semaines de combat, les troupes gouvernementales ont repris la route et ont assiégé les quartiers est. Depuis 2 semaines, les rebelles sont encerclés à Alep-Est avec ce qui reste des habitants de ces quartiers qui n'ont pas pu ou voulu quitter.

L'État syrien est déterminé cette fois-ci à libérer une fois pour toutes Alep-Est des mains des terroristes de al-Nosra qui occupent les quartiers est (al-Nosra est considéré unanimement par la Communauté internationale comme un groupe terroriste au même titre que Daech). Comme elle a finalement pu encercler la partie rebelle d'Alep, elle utilise les bombardements aériens et les combats terrestres pour arriver à son but. Auparavant, elle a lancé des tracts et envoyé des messages SMS demandant à ce qui reste de la population civile – la majorité avait quitté au fil des ans – de quitter cette ville et de venir se réfugier dans Alep-Ouest. Elle a ouvert 7 points de passage et beaucoup en ont profité, au péril de leurs vies. Parce que les groupes armés ne les laissent pas quitter la ville voulant s'en servir comme boucliers humains. Ces actes de guerre font naturellement beaucoup de victimes parmi les terroristes et aussi dans la population.

D'un autre côté, les terroristes d'Alep-Est ont intensifié leur bombardement des quartiers civils d'Alep-Ouest faisant des dizaines de victimes tous les jours. Mercredi 28 septembre, un déluge d'obus et de bonbonnes tombent sur le quartier chrétien d'Azizié faisant dix morts et le double de blessés. Aujourd'hui vendredi 30, tous les quartiers d'Alep sont la cible des rebelles avec, pour le moment, un bilan très lourd : 36 morts et beaucoup de blessés graves.

Les médias en Occident ne montrent que des images d'Alep-Est avec les destructions, les souffrances des personnes et l'indignation de la Communauté internationale. Par contre, rien n'est dit sur les souffrances des habitants d'Alep-Ouest, leurs morts et blessés des suites des bombardements lancés par les rebelles.

Les chrétiens d'Alep habitaient depuis toujours les quartiers du centre-ville et de l'ouest de la ville. En cinq ans de guerre, les trois quarts ont pris le chemin de l'exode et il ne reste actuellement que quarante mille chrétiens à Alep. Les bombardements des derniers jours les ont particulièrement atteints.

Les habitants d'Alep-Ouest, dans leur immense majorité, applaudissent des deux mains l'offensive de l'armée syrienne. Ils ont beaucoup souffert depuis quatre ans de la coupure de l'eau, de l'électricité, du blocus à maintes reprises et des obus de mortiers qui ont fauché tous les jours leurs femmes, leurs maris, leurs enfants et leurs amis et poussé à l'exode la moitié de la population. Ils pensent qu'il est du devoir d'un État de protéger sa population et de libérer ses villes.

De notre côté, nous refusons les actes de guerre inhumains, nous dénonçons les crimes de guerre, nous sommes révoltés par toutes les souffrances, mais nous sommes aussi indignés par le traitement partial et biaisé de la guerre d'Alep par les médias.

Tous les Syriens et particulièrement les Alépins n'aspirent qu'à la paix. Ils ont la nostalgie de leur beau pays, stable, sûr, prospère et laïc d'avant la guerre. Personne ne veut vivre sous un régime islamiste et tout le monde veut que cette guerre, qui a fait 300 000 victimes, le double de blessés et d'amputés, 8 millions de déplacés, 3 millions de réfugiés pour une population de 23 millions, s'arrête par un processus politique et négocié.

Qui est mon prochain ?
Extraits de mon journal, Nabil ANTAKI (30 octobre 2016)

L'offensive des rebelles armés est à son troisième jour. D'une part, ils avancent du côté ouest, ayant pris la Dahiyet Al assad et d'autre part, ils bombardent par les mortiers tous les quartiers d'Alep de tous les côtés : de celui de l'ouest, d'où viennent les assaillants et de l'est, d'où sont terrés ceux qui sont assiégés. Les habitants d'Alep sont paniqués, beaucoup, surtout ceux qui habitent Hamadaniye et Halab Al Jadida ont quitté leur domicile. Depuis le vendredi 28 octobre, il y a de très nombreux tués et blessés parmi la population civile et l'armée syrienne. Les hôpitaux, dit-on, sont submergés par les blessés. Les autorités de la ville ont décrété la fermeture des écoles pour une semaine.

Nous avons aujourd'hui vécu notre « pause » mensuelle avec l'équipe des « Maristes Bleus ». Nous avons organisé, Leyla et moi, cette journée sur le thème « Qui est mon prochain ? ». Nous avons débuté par lire la parabole du bon Samaritain pour mettre en relief le « prochain », selon la vision chrétienne. Avec tout le groupe, 10 personnes : les 2 frères Georges, Margot, Louma, Mirna, Hadi, Kamel, Aline, Leyla et moi, nous avons commencé par visiter 3 familles parmi celles qui viennent chez nous et bénéficient de nos programmes. La famille S. est composée de la mère et de deux grands adultes handicapés mentaux ; le papa, malade mental, étant chez les sœurs de Mère Teresa. Déjà, en temps normal, les petites ruelles de Midane sont laides et maintenant, à cause de la guerre, elles sont infectes : de petites ruelles sales, des câbles électriques qui pendent de partout, des immeubles délabrés, une odeur nauséabonde. Nous montons 5 étages pour nous retrouver chez les S. Un appartement minuscule : une chambre à coucher pour les 3 et un séjour de 8 m^2. La maman est vieille et doit tout faire par elle-même jusqu'à porter les bidons d'eau sur 5 étages.

Z., le fils, est malade mental et a une vision très faible. Il nous a parlé en « étranger », langue composée de mots de son invention. Son frère, handicapé mental comme lui mais qui se déplace, n'était pas à la maison.

Puis nous avons été à Achrafiyé, quartier populaire des pauvres, bombardé par les rebelles-terroristes de Bani Zeid pendant quatre ans et considéré, avant la guerre, comme le quartier des Kurdes. Une foule importante dans les rues, des immeubles à moitié détruits par les bombes mais habités. Nous allons chez les S. A. Le papa a un problème de vision avec un rétrécissement du champ visuel malgré les 2 opérations chirurgicales qu'il a subies et ne peut pas travailler ; la maman doit tout faire ; ils ont 5 enfants dont l'aînée a 12 ans. Ils habitent dans un appartement infect, plutôt un taudis, sans robinets ni eau. Heureusement que le Croissant-Rouge a installé 2 grands réservoirs au rond-point. Ils doivent faire l'aller-retour tous les jours pour avoir de l'eau. Quand nous sommes arrivés, il n'y avait que les enfants à la maison, les parents ayant été aux funérailles du cousin mort la vieille pendant les combats.

Notre 3e visite nous a amenés du côté du rond-point Chihane où habite la famille H. R. Une femme et ses 9 enfants, le dernier de 16 mois n'a pas connu son père qui a quitté il y a plus d'un an pour aller seul ou avec une autre épouse en Turquie. Cette famille habitait avant la guerre à Boustan Al Bacha. En juillet 2012, quand les rebelles ont envahi Alep-Est, elle a fui et est venue s'installer dans une des écoles de Cheikh Maksoud où nous l'avions connue. En mars 2013, les rebelles ayant envahi le quartier, ils s'en vont une 2e fois pour s'installer à « 1070 », un projet immobilier inachevé avec des carcasses d'immeubles sans murs ni sanitaires. Elle s'est débrouillée pour faire du coin où elle s'est installée un pseudo-appartement. Entre-temps, la maman a marié 2 de ses filles assez jeunes, 15-16 ans.

Les garçons, dont l'aîné de 12 ans, travaillaient à fouiller les poubelles pour ramasser le plastique et le carton pour les vendre au recyclage et gagner quelques livres pour faire vivre la famille. Le travail de Hammoudé, 10 ans, notre protégé, consistait à transporter les bidons d'eau du réservoir central de « 1070 » à « la maison » et venait chaque jour chez nous pour prendre des portions du repas chaud que nous servons chaque midi à plus de 800 personnes. Qu'il fasse beau ou mauvais, sous le soleil ou la pluie, il marchait pendant plus d'une heure pour venir chez nous et autant pour rentrer chez lui avec les seaux de nourriture. Il est blond avec des yeux bleus mais souvent tellement sale qu'il devenait brun. Alors, on lui donnait le bain chez nous et ses couleurs naturelles revenaient. Il y a un mois, le « 1070 » a été envahi par les rebelles et une 3e fois, la famille H. R. a quitté pour se réfugier chez une des filles mariées. Puis ils ont trouvé un refuge au 5e étage d'un immeuble à moitié détruit au rond-point Chihane. Quand nous sommes rentrés chez eux, nous avons été surpris de voir des pans de mur absents remplacés par des bouts de bois non fixés, c'est-à-dire, pouvant être déplacés par un doigt pour se retrouver devant le vide.

Voici quelques exemples de la souffrance et de la misère des quelque mille familles dont nous avons la charge et que nous aidons à survivre.

À notre retour, nous avons échangé nos impressions, discuté de qui est vraiment mon prochain, comment transformer une personne différente de nous en prochain sinon, que de nous approcher nous-mêmes d'elle pour en faire un prochain, indépendamment d'une proximité familiale, clanique, religieuse ou sociale. Nous avons beaucoup parlé de dignité à rendre, de relation d'égal à égal, d'un regard d'amour qui ne juge pas mais transforme le

« diffèrent » en prochain. Toutes ces valeurs sont à la base de notre travail de solidarité.

Pendant notre visite à Achrafiyé, nous avons rencontré beaucoup de familles de Halab Al Jadida ayant fui leur quartier, portant des balluchons et errant dans les rues à la recherche d'un refuge, d'un appartement à louer. Achrafiyé est saturé, même les immeubles détruits, les caves, les terrasses, les escaliers sans balustrades sont habités. Ce soir, A.H.D. téléphone pour demander de l'aide, ayant finalement trouvé un refuge à 30 000 £ par mois. On lui dit de le louer, le temps pour nous d'arriver chez lui avec la somme du loyer pour 6 mois. Un quart d'heure plus tard, Leyla et frère Georges étaient sur place, mais l'appartement avait déjà été pris.

On continue à nous amener à l'hôpital des civils blessés par les tirs d'obus de mortiers lancés sur les quartiers civils d'Alep-Ouest par les gentils rebelles modérés. Aujourd'hui la famille Ghazal au complet : le papa mort sur le coup ; ses filles sévèrement atteintes, la plus jeune, 20 ans, meurt après avoir été opérée en urgence et l'aînée est toujours aux soins intensifs dans un état critique. Leur frère avait trouvé la mort il y a un mois, atteint par un sniper.

Message aux médias
Texte de Nabil ANTAKI (2 novembre 2016)

Message aux médias et à une partie de l'opinion publique désinformée, qui ont pris le parti des groupes armés d'Alep-Est, les considérant comme des rebelles révolutionnaires et non comme des terroristes.

Depuis une semaine, Alep (Ouest, c'est-à-dire la plus grande partie d'Alep qui est sous le contrôle de l'État syrien) est bombardée d'une façon sauvage par les terroristes, causant plus de cent morts et davantage de blessés et provoquant l'exode de milliers d'habitants (pour la plupart des déplacés) vers des quartiers plus sûrs.

Alep-Ouest est bombardée QUOTIDIENNEMENT depuis juillet 2012 par des obus de mortiers et de bonbonnes de gaz remplies de clous et d'explosifs lancés par les groupes armés qui occupent Alep-Est. Il est vrai que ces armes détruisent rarement des immeubles en entier mais elles font beaucoup de victimes. Alep est une grande ville à l'intérieur de laquelle il n'y a aucune caserne ou bâtiment militaire. Depuis quatre ans, tous les obus tombent sur les différents quartiers habités par des civils. Les raids aériens sur Alep-Est visaient les rebelles armés qui sont implantés parmi les civils, alors que les bombardements d'Alep-Ouest visent spécifiquement les civils puisqu'il n'y a pas de militaires dans Alep-Ouest.

Pourquoi aucune voix ne s'est-elle pas élevée en Occident pour qualifier de terroristes ceux qui bombardent les civils depuis quatre ans ? Pourquoi les médias ne rapportent-ils pas ces faits-là, alors qu'ils ont repris jusqu'à saturation des vidéos, souvent les mêmes, sur les dommages causés à Alep-Est par les raids aériens ? Où sont-ils les défenseurs des droits de l'homme qui devraient qualifier de crimes de guerre les massacres des civils d'Alep-Ouest depuis quatre ans ? Où sont-ils le « machin », ses agences, ses représentants et son envoyé spécial qui n'ouvrent leur grande gueule que pour critiquer l'armée syrienne, qui a l'obligation de libérer le territoire de son pays et les 1,5 million d'Alep-Ouest pris comme cibles par les « gentils » terroristes modérés ?

Eh oui, il existe chez les Occidentaux, médias et gouvernants (je ne cite pas l'opinion publique parce qu'elle est désinformée, pour ne pas dire manipulée), un double standard de jugement et de valeurs. L'honnêteté chez les gouvernants et l'éthique professionnelle chez les journalistes ne sont, malheureusement, que de la blague.

Note de Nabil ANTAKI (20 novembre 2016)

Ce dimanche matin, comme chaque jour, pluie d'obus de mortiers tirés par les terroristes d'Alep-Est sur nos quartiers. MAIS aujourd'hui, ils ont atteint une école au quartier Forkane : 10 enfants tués et de très nombreux blessés.

Les médias occidentaux vont-ils rapporter ce crime de guerre ?

Les gouvernements vont-ils s'indigner et protester ?

Le début de la fin ?
Note de Nabil ANTAKI (28 novembre 2016)

Sans vouloir vendre la peau de l'ours avant de l'avoir abattu, les nouvelles du front d'Alep sont, aujourd'hui, bonnes avec une certaine réserve.

Deux des principaux quartiers de la banlieue est d'Alep, tenus par les rebelles-terroristes depuis quatre ans (Hanano et Sakhour), ont été libérés par l'armée syrienne, et celle-ci avance en gagnant rue après rue.

Au moins quatre mille de nos concitoyens d'Alep-Est, retenus en otage par les terroristes, ont pu fuir avec l'aide de l'armée syrienne et ont été abrités momentanément à Jibrine. D'autres ont pu fuir vers Cheikh Maksoud. Voici, certes, deux bonnes nouvelles.

Mais en revanche, il y a deux mauvaises nouvelles et une appréhension : d'une part, des civils alépins d'Alep-Est qui tentaient de fuir ont été abattus par les terroristes et d'autre part, les obus de mortiers continuent à pleuvoir sur Alep, lancés par les terroristes d'Alep-Est avec 12 victimes aujourd'hui. On serait tentés de dire que c'est en représailles à l'avancée de l'armée si nous n'étions pas les cibles de ces bombardements quotidiens depuis quatre ans.

L'appréhension vient de notre crainte de voir les gouvernements occidentaux et certains organismes demander une trêve pour raisons humanitaires (comme ils l'ont fait avec succès dans le passé) et orchestrer une campagne médiatique dans le même sens afin d'empêcher l'armée de l'État syrien de poursuivre la libération complète d'Alep des groupes terroristes.

Lettre d'Alep n° 28 (le 12 décembre 2016) par frère Georges Sabé

Avancer

Au moment où j'écris cette lettre, la grande majorité des quartiers d'Alep, occupés par les rebelles, ont été libérés, les routes ont été nettoyées et débarrassées de tout ce qui empêchait la communication entre une partie et une autre de la ville. Alors que beaucoup de rebelles armés ont profité de l'amnistie accordée et se sont rendus, et malgré tous les appels (mondiaux et locaux) à l'évacuation d'Alep, un noyau de terroristes (spécialement du front al-Nosra) refuse de se rendre. Ils s'obstinent et intensifient le bombardement des quartiers ouest de la ville.

Nous assistons à un nouveau déplacement : des milliers de familles quittent les quartiers est de la ville et viennent se réfugier dans des régions plus sécurisées.

Plusieurs voix s'élèvent pour annoncer qu'avant Noël, toute la ville d'Alep sera réunifiée. Nous espérons que cela se traduira par la fin des hostilités, la fin du cauchemar, la fin de la peur et surtout l'installation de la paix tant attendue depuis presque cinq ans (à Alep).

Il restera beaucoup à faire concernant le côté humain des habitants de cette ville. Comment aider les gens à revenir, à s'installer, à avoir confiance en l'autre, à accepter une réconciliation ? Quels mots dire aux parents des martyrs, aux blessés, à ceux qui ont vu leur maison détruite ? Quel regard jeter sur celui qu'on soupçonne d'avoir été notre ennemi ? Faut-il avoir confiance en un avenir de paix ? Quelle garantie offrir aux déplacés et aux réfugiés qui ont tout quitté et sont allés s'installer à l'étranger et y ont construit leur vie ? Que répondre à ceux qui se méfient, ceux qui doutent, ceux qui annoncent d'autres malheurs ?

Sommes-nous préparés à initier un chemin nouveau ? Si la paix tant attendue s'installe parmi nous, comment éveiller les gens à leurs responsabilités, à leurs devoirs civiques et sociaux ?

Toutes ces questions et plusieurs autres traversent notre esprit. Peut-être qu'il est trop tôt pour y répondre, mais nous devons les partager et commencer à y réfléchir.

Ces jours-ci, les habitants d'Alep-Ouest sont en train de sortir dans la rue pour aller ailleurs, là où c'était dangereux et interdit. Certains découvrent la réalité de ce qui a été leur magasin, leur maison ou leur lieu de culte. La guerre est passée par là laissant son empreinte : tout est volé, tout est détruit, parfois défiguré ou même disparu. On prend des photos, on s'indigne, on pleure… On essaie de voir s'il y a quelque chose à récupérer : un souvenir, un livre, un n'importe quoi oublié que les seigneurs de la guerre n'ont pas emporté avec eux. Les gens imaginaient le volume de dégâts, mais la réalité dépasse souvent l'imaginaire et leur fait découvrir l'atrocité des crimes commis.

Il reste encore à déminer. Une dizaine d'enfants ont tenté de jouer dans un jardin public. Une mine a eu raison de leur vie… Il faut éviter certaines zones où il y avait des combats.

Les quartiers de l'ouest de la ville continuent à recevoir leur lot quotidien de roquettes, d'obus de mortiers et de missiles. La mort continue à faire des ravages. La peur ne cesse de grandir. Il y a 3 semaines, une école primaire a été touchée par un missile. Au moins 8 élèves sont morts et plus de 100 personnes hospitalisées au milieu d'un silence honteux des grands de ce monde et d'une allusion brève et timide des moyens de communication.

Il y a quelques jours, Dr Nabil nous invitait à être vigilants : « La désinformation continue » ; entre autres, certains médias rapportent que « Alep est tombée » au lieu de dire

« libérée ». Pour ceux qui écoutent les déplacés arrivant des quartiers est de la ville, pour ceux qui les côtoient, la réalité de la libération ne suffit pas pour exprimer la fin du cauchemar dans lequel ils vivaient. Ils étaient pris en otages par les éléments armés. Il leur était interdit de sortir, de quitter de la ville. Quand l'armée est arrivée, ils ont pu se sentir en sécurité. Ils désiraient quitter le plus tôt possible. Comment faire pour que les médias reflètent la réalité telle qu'elle est ?

Dans le cadre de sa journée mensuelle « off », l'équipe d'animation des « Maristes Bleus » s'est rendue, le dimanche 30 octobre, chez trois familles parmi les plus pauvres de nos bénéficiaires. Cette démarche a été suivie par un temps de partage et de prière. Nous avons insisté sur l'importance de l'écoute et du respect de toute personne pour nous diriger de plus en plus vers les familles les plus démunies.

Le 12 novembre 2016, et dans un programme spécial « *Ajrass el Machrek* = Les cloches du Levant » de la chaîne de télé Al Mayadin, Dr Nabil a présenté « La profondeur et le sens de l'action de solidarité en temps de guerre ».

Le gouvernement de Navarre (Espagne) nous a décerné le « XIVe PRIX INTERNATIONAL DE LA SOLIDARITÉ – 2016 ». L'ONG Mariste « SED » avait présenté notre candidature. Dans une conférence de presse le 30 octobre 2016, Miguel INDURÁIN, membre du jury, avait présenté les raisons de ce choix : « En reconnaissance de l'œuvre en faveur de la paix des « Maristes Bleus » dans une des zones les plus touchées par la guerre en Syrie, la ville d'Alep, et pour leur défense d'un des droits primordiaux de la personne humaine, le droit à la vie, et pour leur collaboration avec d'autres organisations ».

Frère Georges a rencontré les élèves du secondaire de 3 centres éducatifs. Il a rencontré des adultes et des personnes intéressées par la situation en Syrie. Il leur a expliqué la réalité du vécu quotidien dans la ville et leur a présenté toute l'œuvre des « Maristes Bleus ». Beaucoup de ceux qui l'ont écouté ont exprimé leur solidarité avec le peuple syrien.

Une question s'est répétée plusieurs fois : « Où trouvez-vous la force pour continuer votre Mission ? ». Et comme vous pouvez l'imaginer, notre force s'enracine dans notre foi, notre foi en Jésus-Christ, proche des pauvres et des damnés. Un Jésus qui nous invite à aller à la rencontre de l'autre, et surtout le plus affligé, le plus blessé, le plus meurtri.

Un groupe d'enfants viennent à la rencontre du frère Georges, lui posent plein de questions et lui remettent à la fin un petit don… Un geste inoubliable… Un geste de solidarité… Un geste qui va beaucoup plus loin que toutes les frontières.

La présidente du gouvernement de Navarre et le directeur de Laboral Kutxa ont encouragé les « Maristes Bleus » à continuer leur travail. Frère Georges, dans son mot de remerciement, annonce que ce prix fait honneur, il est vrai, aux Maristes Bleus, mais nous le dédions, aussi, à toutes les victimes de la guerre… Le prix arrive au moment où la ville d'Alep continue de souffrir. Cette solidarité internationale nous stimule à résister et continuer notre mission. Notre remerciement est une promesse : « Rester, poursuivre, être très proches des personnes qui souffrent ».

En visite en Allemagne, frère Georges a eu l'occasion de rencontrer des amis qui ont écouté, de vive voix, un témoin direct de la situation d'Alep. Les auditeurs découvrent une réalité différente de ce que les médias occidentaux leur rapportent et apprécient toute notre action de solidarité envers plus de 1 000 familles.

Pour cela, nous bénéficions d'un large réseau d'amis qui nous soutiennent et prient pour nous. Je profite de l'occasion pour les remercier et leur dire combien nous estimons et apprécions leur soutien et leur prière.

À la fin de novembre, nous avons offert à chaque personne des familles que nous soutenons (et ils sont des milliers) une paire de chaussures et des vêtements neufs.

Ces jours-ci, la situation chaotique des bombardements nous a obligés à prendre, par mesure de sécurité, la décision d'arrêter momentanément nos deux projets : « Apprendre À Grandir » et « Je veux Apprendre ».

Un jour de novembre, suite à un missile qui est tombé tout près du centre de distribution de notre programme « Goutte de lait », les vitres sont toutes parties en éclats. Rien d'autre, heureusement, que des dégâts matériels.

Les équipes de distribution de l'eau ne chôment pas. En plein hiver, malgré la libération de la station de pompage de l'eau qui se trouve à l'intérieur des quartiers libérés par l'armée syrienne, l'eau reste coupée, tout comme l'électricité.

Le programme de formation de cent heures « Comment élaborer un petit projet ? », et auquel ont participé 20 personnes, est terminé. Les participants ont rédigé leurs projets et il reviendra au jury du MIT d'évaluer les meilleurs et en choisir deux qui seront soutenus financièrement par les Maristes Bleus.

Un nouveau programme de développement vient élargir notre liste. C'est « Coupe et couture ». Il s'adresse aux femmes. Né en novembre 2016, 24 femmes y participent.

Durant quatre mois, elles vont suivre, en moyenne 6 heures par semaine, une formation à la coupe et à la couture.

Tous les autres programmes : distribution de paniers alimentaires et sanitaires, distribution de couvertures et de matelas, distribution de réservoirs d'eau, aide au loyer, les Civils blessés de guerre et le programme médical, Skill School et lutte contre l'illettrisme, continuent normalement.

Au nom de tous les Maristes Bleus et de tous les bénéficiaires, je vous invite à nous mettre en marche vers Noël.

En route vers Noël, nous avançons…

Nous, un peuple en recherche, un peuple en attente, un peuple d'espérance…

En route vers Noël, nous avançons…

Guidés par une étoile, une étoile de paix et de solidarité…

En route vers Noël, nous avançons…

Un seul désir guide nos pas : rencontrer un enfant, rencontrer le sourire d'un enfant, rencontrer l'humain d'un enfant…

En route vers Noël, nous avançons…

Les mains tendues vers l'autre, le tout autre, l'étranger, le déplacé, le mal-aimé…

En route vers Noël, nous avançons…

Et nous chantons : « Paix aux hommes de Bonne Volonté ».

Joyeux Noël et bonne année 2017 !

Un petit enfant sauvé
Texte de Nabil ANTAKI (13 décembre 2016)

Mise sur FB une vidéo d'un petit enfant sauvé par notre programme des Civils blessés de Guerre. Il a 4 ans. Il a été atteint avec sa famille par un obus de mortier lancé par les rebelles-modérés. Son papa, sa sœur et son frère sont morts sur le coup, sa maman gravement blessée et lui très grièvement blessé au ventre, aux poumons et aux extrémités. Il a été admis à l'hôpital Saint Louis d'Alep dans le programme « Civils blessés de guerre » où il est resté inconscient, sous respiration artificielle, entre la vie et la mort pendant 3 semaines. Il a été traité par les meilleurs médecins spécialistes et par les Sœurs et infirmières de l'hôpital avec un dévouement extraordinaire. Il s'en est sorti. Il a repris conscience, il marche, il parle et n'est plus en danger. Dans cette courte vidéo, il me dit « Merci ». C'est un Merci aux Sœurs de Saint-Joseph-de-l'Apparition, Merci aux 17 médecins et chirurgiens bénévoles qui soignent les civils blessés dans une clinique privée gratuitement, Merci aux Maristes Bleus, partenaire du programme « CIVILS BLESSÉS DE GUERRE ».

Où est la vérité ?
Texte de Nabil ANTAKI (13 décembre 2016).
Réponse à 2 personnes troublées par notre lettre n° 28

Chère X,
Je comprends très bien le trouble de ton interlocuteur ou le sentiment d'être mal à l'aise de l'autre ainsi que ton questionnement : où est la vérité ? Je comprends très bien ces réactions de la part de personnes qui sont soumises à un matraquage médiatique occidental très partial, manichéen où il y a les bons, d'un côté, qu'on appelle rebelles ou révolutionnaires (on oublie qu'ils font partie des deux groupes, Daech et al-Nosra, qui ont été mis sur la liste des organisations terroristes par la Communauté internationale). On oublie les 90 000 djihadistes étrangers qui sont venus chez nous pour faire le djihad. On oublie que le but ultime de ces terroristes est l'installation d'un État islamique et, de l'autre, les méchants qu'on a diabolisés par une désinformation massive dès le début des événements, pour accélérer la chute du régime.

Ce sont les mêmes qui ont envahi les quartiers est d'Alep en juillet 2012, Mossoul en 2014 et commis les attentats à Paris en 2015.

À Paris, ce sont des terroristes qu'ils font éliminer.

À Mossoul, vous applaudissez (à juste titre) des deux mains l'assaut de l'armée irakienne épaulée par les raids aériens américains et de la coalition pour libérer la ville des terroristes de Daech (en sachant bien que ces raids feront naturellement des victimes parmi les civils, mais personne ne s'en offusque en Occident).

À Alep, vous condamnez l'assaut de l'armée de l'État syrien qui vise à libérer une partie de la ville contrôlée depuis quatre ans et quatre mois par les mêmes terroristes de al-Nosra. (Pour rappel, Daech et al-Nosra étaient un seul groupe qui s'est scindé en deux, il y a 2-3 ans, al-Nosra voulant suivre Al-Qaida et prêter allégeance au dauphin de Ben Laden, et Daech voulant prêter allégeance au calife auto-proclamé Al Baghdadi).

Où est la vérité ? Sûrement, pas chez les journalistes et les médias. Elle est chez ceux qui vivent sur place.

Elle est chez les habitants d'Alep-Ouest (il n'y a pas que des chrétiens, bien au contraire, nous sommes devenus une infime minorité) qui ont, hier soir, manifesté de joie dans les rues à l'annonce de la libération d'une grande partie d'Alep-Est. Ils ont subi pendant quatre ans et demi un bombardement quotidien de la part des terroristes d'Alep-Est avec des dizaines de victimes tous les jours (bien sûr, passé sous silence par les médias occidentaux et personne ne s'est senti mal à l'aise). L'eau leur a été coupée depuis plus de deux ans par les terroristes (c'est un crime de guerre et contre l'humanité que de couper l'eau à 1,5 million d'habitants) et personne en Occident ne s'est senti troublé. Alors, les Alépins d'Alep ont supplié l'armée et le gouvernement de l'État syrien de libérer les quartiers est et il est du devoir de l'État de le faire.

La vérité est chez les habitants des quartiers est d'Alep qui ont été libérés, alors qu'ils étaient gardés en « otages » par les terroristes, ou plutôt comme boucliers humains. Il faut les voir éclater de joie en se jetant dans les bras des soldats, pleurer de retrouver les membres de leur famille, il faut les écouter raconter les souffrances qu'ils ont subies de la part des terroristes (bien sûr, tout ceci est documenté par des vidéos qui sont en arabe et qu'on ne vous montre pas).

Quant aux bombardements russes et syriens qui ont tellement dérangé nos amis en Europe, oui, ils ont fait des victimes parmi les civils et nous le déplorons. Mais déplorez-vous les victimes civiles des raids de la coalition sur Mossoul ? (La bombe américaine serait-elle plus intelligente que la bombe russe ?). Des raids de la coalition sur les terroristes en Syrie qui font à chaque fois des victimes civiles (le dernier raid aérien français en Syrie a fait d'un coup 110 victimes civiles, mais on ne vous le dit). Lors d'une prise d'otages, après négociation et tentative infructueuse de libérer pacifiquement les otages, la police ne donne-t-elle pas l'assaut sachant qu'il y aura, peut-être, des victimes parmi les otages ?

En effet, il n'y a pas de guerre propre. (Vous oubliez que nous vivons une guerre depuis cinq ans et demi). Mais les médias en Europe ont beaucoup exagéré les faits, modifier et amplifier la réalité. Le matraquage médiatique que vous avez subi était un tissu de mensonges. On vous a annoncé 10 fois en six mois la destruction du dernier hôpital d'Alep-Est ; c'est comme si, par un coup de baguette magique, l'hôpital renaissait en deux semaines. On vous a montré en boucle le maire d'Alep faire des conférences de presse, reçu par Hollande, embarquant avec Duflos dans une farce de voyage à Alep. Or, ce monsieur n'est ni maire d'Alep ni maire de Paris. C'est un imposteur qu'on a sorti, comme un lapin, du chapeau d'un magicien pour appuyer la campagne médiatique visant à arrêter la progression de l'armée syrienne à Alep, en imposant une trêve pour raisons humanitaires afin de permettre aux terroristes (génétiquement modifiés par les Occidentaux en rebelles modérés) de se ressaisir.

Les Syriens ont assez souffert de cette guerre, les Alépins en particulier, et n'acceptent pas qu'on les empêche d'exprimer leur joie de voir les terroristes en déroute (du moins à Alep), leurs concitoyens d'Alep-Est libérés, et de pouvoir vivre sans déplorer chaque jour la mort d'un parent, d'un ami, d'un voisin, tués par les obus des rebelles-terroristes.

P.-S. La campagne médiatique a été tellement bien orchestrée avec un matraquage quotidien de mensonges que toutes les personnes de bonne volonté, qui n'ont pas de relations sur le terrain, vont croire, malgré un esprit critique, ce qu'on leur raconte. Ils vont se dire : « On ne peut pas nous mentir autant, il y a sûrement de la vérité dans ce que l'on nous dit ». Mentez, mentez, il en restera toujours quelque chose.

Lettre d'Alep n° 29 (15 mars 2017, triste 6e anniversaire du déclenchement de la guerre en Syrie)
par Nabil ANTAKI

Optimisme prudent

Le 23 décembre 2016, le cauchemar a pris fin pour les habitants d'Alep. Ce jour-là, le dernier convoi de rebelles et de terroristes, qui occupaient les quartiers est et sud d'Alep depuis juillet 2012, a quitté la ville pour se rendre, sous supervision neutre, dans une province voisine, Idlib, toujours sous le contrôle des terroristes de al-Nosra. Les Alépins étaient fous de joie de la libération de leur ville. Il n'y avait plus est ou ouest, Alep est redevenue, comme elle l'a toujours été, une seule ville sous le contrôle de l'État syrien. Seulement 15 000 habitants des quartiers est ont été évacués, à leur demande, avec les rebelles vers Idlib. Les autres, plus de 100 000, qui subissaient l'occupation sans l'avoir choisie – uniquement, parce que leur domicile se trouvait là – sont restés à Alep. Ils ont beaucoup souffert mais sont soulagés après quatre ans d'occupation terroriste et trois mois de siège de leurs quartiers par l'armée syrienne. Pour les 1,5 million d'habitants des quartiers ouest, qui étaient sous contrôle gouvernemental, la libération a fourni un sentiment de sécurité qu'ils avaient perdu depuis plus de quatre ans : la sécurité de ne plus recevoir des obus de mortiers, de bonbonnes de gaz utilisées comme bombes et des tirs de snipers. Mais Optimisme prudent : des bombes continuent à tomber occasionnellement sur les quartiers périphériques de l'ouest d'Alep, lancées par les rebelles toujours installés à quelques kilomètres dans la banlieue ouest.

Comme tous les Alépins, nous sommes allés visiter les ex-lignes de front, le quartier historique de Jdeidé, la vieille ville autour de la citadelle et les quartiers est et sud.

L'ampleur des destructions dépasse ce que nous avions imaginé. À Midane, quartier arménien, à Jdeidé, quartier historique des chrétiens, à Hanano, à Sukari, etc., la réalité dépasse souvent la fiction.

Avec la libération, la ville reprend un aspect plus normal, plus civilisé. Toutes les rues – la plupart avaient été bloquées par des barricades ou des murs de rochers pendant les quatre années de guerre – ont été ouvertes à la circulation. Il y a énormément de piétons dans les rues. Les gens marchent sereinement sans craindre la mort qui les guettait avant la libération. Le trafic automobile est très dense. Les feux de signalisation et l'illumination des ronds-points, alimentés par des panneaux solaires plantés à chaque carrefour, fonctionnent de nouveau. Le ramassage des ordures a repris ; les jardiniers de la municipalité sont de nouveau au travail dans les jardins publics et dans les terre-pleins centraux. Toutes les écoles et l'université fonctionnent normalement.

Mais Optimisme prudent : les conditions de la vie quotidienne restent, toutefois, très difficiles.

Cet hiver, nous avons eu très froid. Il y avait une pénurie de fioul. Avec l'absence d'électricité, il n'y avait aucun moyen de se chauffer alors que les températures en décembre, janvier et février étaient très basses.

Comme pendant les deux dernières années et malgré la libération, nous n'avons toujours pas l'électricité. Nous continuons à l'acheter, à un prix élevé, auprès de générateurs privés qui foisonnent sur les trottoirs de notre belle ville, qui est devenue très laide avec les générateurs qui salissent et les câbles électriques qui pendent de partout. Les autorités ont travaillé d'arrache-pied pour relier, de nouveau, par des pylônes de haute tension, Alep au réseau national. Il semble qu'ils aient réussi la jonction puisque depuis une semaine, nous avons l'électricité une heure par jour à tour de rôle.

Quant à l'eau courante, elle est encore coupée. Pendant l'occupation, l'eau arrivait de l'Euphrate aux bassins de traitement de l'eau à Alep, mais n'était pas pompée dans les canalisations parce que la station de pompage était aux mains des rebelles d'Alep-Est ; avec la libération, la station de pompage est de nouveau sous le contrôle du gouvernement syrien, mais Daech ne laisse plus l'eau être pompée à partir de la petite ville de Khafsa sur l'Euphrate. L'armée syrienne est en train de reprendre cette ville. Mais Optimisme prudent : entre-temps, 1,5 million d'Alépins continuent à utiliser l'eau, souvent non potable, des 300 puits forés dans la ville. Le nombre d'infections intestinales a atteint des records ces derniers temps.

Certaines familles déplacées ont pu regagner leur domicile, d'autres doivent faire des réparations importantes, d'autres attendent qu'on termine de déminer leurs quartiers et de rétablir les infrastructures détruites et d'autres enfin qui, habitaient des immeubles maintenant complètement détruits, doivent attendre la reconstruction. Justement, les projets de reconstruction de la ville sont nombreux. De multiples organisations internationales ou nationales ont demandé des autorisations pour participer à la reconstruction : qui pour reconstruire 10 écoles, une autre pour restaurer 200 appartements, une 3e pour reconstruire la vieille ville, etc. Mais Optimisme prudent : rien n'a encore démarré. *Wait and see.*

La crise économique reste très grave. En six ans de guerre, les gens se sont appauvris du fait du chômage et de l'augmentation vertigineuse du coût de la vie. Situation paradoxale : les Alépins ne trouvent pas de travail mais d'autre part, les petites entreprises qui commencent à ouvrir timidement ne trouvent pas d'ouvriers qualifiés, la majorité des hommes jeunes sont soit enrôlés dans l'armée pour faire leur service militaire ou comme réservistes, soit ont quitté le pays pour des cieux plus cléments. Les Alépins ont, maintenant plus que jamais, besoin d'être aidés pour survivre.

Entre-temps, la guerre continue en Syrie avec l'implication de nombreuses forces étrangères. Beaucoup de territoires et de petites villes ont été libérés du contrôle de Daech. Certaines sont maintenant sous le contrôle de l'État syrien, d'autres sous le contrôle des Kurdes, des Turcs ou des islamistes. Les deux derniers mois, il y a eu des négociations inter-syriennes sous l'égide de l'Iran et de la Russie à Astana puis, sous l'égide de l'Onu, à Genève. Aucune avancée n'a été réalisée. Mais Optimisme prudent : une liste des points à négocier a été établie et acceptée et la date d'un autre round de négociations a été fixée.

Aucune des centaines de familles déplacées bénéficiaires des différents programmes des Maristes Bleus n'a pu regagner son domicile. Nous avons, par contre, admis de nombreuses familles nouvellement déplacées qui habitaient les quartiers est et qui sont venues loger chez leurs parents, d'anciens déplacés. Nous, les Maristes Bleus, n'avons pas les moyens ni les compétences ni la mission de participer à la reconstruction matérielle de la ville. Par contre, nous pensons que la reconstruction de l'Homme est primordiale et nous y mettons, dans la mesure de nos moyens, tout notre poids. C'est ainsi que nous avons davantage développé nos projets pédagogiques et initié de nouveaux.

Notre centre de formation des adultes, « le MIT », continue à organiser deux séminaires par mois sur des sujets bien déterminés à l'intention des adultes de 20 à 45 ans. En février, frère Georges a dirigé un workshop sur le thème

« Du pardon à la réconciliation » et nous envisageons, vu son importance, de le refaire à d'autres groupes prochainement.

Convaincus de la nécessité d'aider les jeunes adultes à travailler pour vivre et sortir du cercle vicieux, – guerre – situation économique catastrophique – chômage – pauvreté – assistanat ou migration, nous avions organisé, fin 2016, un séminaire de 100 heures sur deux mois à l'intention des jeunes de 20 à 35 ans sur le thème : « Comment entreprendre son propre projet ? ». Vingt participants ont appris des meilleurs experts comment penser, réaliser et faire avancer un projet. À la fin de la session, le jury a sélectionné les 4 meilleurs projets réalisables en termes de rentabilité et de chances de succès et nous les avons en partie financés. Devant le succès du projet, nous venons de démarrer une 2e version avec 15 participants.

Plusieurs projets éducatifs et de soutien psychologique ont vu le jour récemment.

« Coupe et couture » permet à une trentaine de dames d'apprendre à coudre et à confectionner des vêtements pour les besoins de la famille et aussi pour trouver un emploi dans les ateliers de confection qui ouvrent et qui demandent des ouvrières. La première promotion va bientôt terminer ses quatre mois d'apprentissage et les demandes de candidates sont nombreuses pour la suite. Nous profitons de leur présence aux cours de couture pour organiser, pour elles, des temps de formation personnelle et de soutien psychologique.

« Hope » est un projet qui vise à enseigner une langue étrangère, l'anglais ou le français, aux jeunes mamans qui ont des enfants à l'école élémentaire. En effet, dès la 1re classe élémentaire, le programme impose l'enseignement d'une langue étrangère aux petits enfants. L'enseigner aux mamans permet à celles-ci, en plus d'une satisfaction personnelle, de suivre les études de leurs enfants.

« Douroub » accueille les enfants de 10-11 ans qui ont été jusqu'à présent négligés par nos différents projets. Avec une équipe de 3 moniteurs, ils se réunissent pour des activités éducatives et ludiques.

« Lutte contre l'illettrisme » se poursuit à deux niveaux. Le niveau supérieur, pour ceux qui ont déjà participé à une 1re session de deux mois, pour leur apprendre le niveau de la 3e élémentaire, c'est-à-dire à faire des phrases, les lire et les écrire. Et le niveau débutant avec un nouveau groupe de parents ou de jeunes illettrés pour apprendre à écrire et lire les mots. « Skill School » pour 75 adolescent(e)s, « Apprendre À Grandir » et « Je veux Apprendre » avec 200 enfants de 3 à 6 ans, poursuivent, mieux que jamais, leurs très beaux programmes pour éduquer, instruire et soutenir les enfants et les jeunes.

Nos différents programmes de secours continuent à venir en aide aux déplacés et aux plus démunis. « Les Maristes Bleus pour les déplacés » aident à peu près 1 000 familles, chrétiennes et musulmanes, à survivre grâce à la distribution de paniers alimentaires et sanitaires mensuels assez consistants, de l'argent cash pour payer un ampère d'électricité acheté auprès des générateurs privés, d'un coupon de viande ou de poulet mensuel. Nous aidons aussi les familles déplacées à payer le loyer de leur logement provisoire.

Le programme « Civils blessés de guerre » qui a, pendant des années, traité et sauvé des milliers de blessés, tourne, heureusement, plutôt au ralenti avec la libération d'Alep, mais nous continuons à traiter soit de nouveaux blessés qui ont sauté sur des mines laissées par les rebelles avant leur départ ou d'anciens blessés déjà traités mais qui ont besoin de traitement ou d'autres interventions chirurgicales.

Par contre, « le programme médical des Maristes Bleus » a pris beaucoup d'ampleur à cause de l'augmentation de la pauvreté, du chômage et du coût de la vie. Pour les malades qui n'ont pas les moyens, nous participons aux coûts des interventions chirurgicales, des traitements à l'hôpital ou tout simplement aux coûts des ordonnances (le prix des médicaments fabriqués localement vient d'être augmenté de 400 %), des radios et scanners, et des analyses de labo.

« J'ai soif » distribue, avec nos 4 camionnettes, de l'eau aux domiciles de 40-45 familles chaque jour. À cause de la difficulté de remplir nos camionnettes de l'eau des puits forés un peu partout à Alep – qui sont pris d'assaut de 8 heures du matin à 10 heures du soir – et la perte de temps occasionnée à attendre son tour, nous avons commencé à forer notre propre puits. Nous pourrons ainsi remplir rapidement et distribuer quotidiennement à un plus grand nombre de familles.

Enfin, « Goutte de lait » est à son 22e mois de distribution de lait à 3 000 enfants chaque mois. Projet essentiel à la croissance et au développement de nos enfants et qui n'a pas arrêté un seul jour malgré la difficulté d'approvisionnement en lait, surtout le lait spécial pour nourrissons, et le coût important du projet.

Avec la libération d'Alep, malgré notre Optimisme prudent, la tâche est encore plus importante qu'avant. Elle est énorme. Serions-nous capables physiquement, moralement et financièrement de relever les défis ? Aider les déplacés à rentrer chez eux le moment venu ? les chômeurs à trouver un emploi ? les traumatisés à panser leurs blessures ? les désespérés à retrouver l'espoir ? les enfants à vivre leur enfance volée par la guerre ? les gens à pardonner ? à se réconcilier ? Serions-nous capables de convaincre les gens de ne plus quitter le pays ? L'exode continue et tous les jours des amis, des connaissances, des bénévoles, des collaborateurs ou des bénéficiaires viennent nous dire un au revoir qui ressemble plus à un adieu.

En dépit de tout, nous continuons à vivre notre engagement. Avec un Optimisme prudent, nous faisons nôtre cet extrait du beau texte de notre ami le prêtre Jean Debruynne :

« Résister, c'est s'obstiner à regarder un bout de ciel même s'il est gris ou noir, même s'il tient dans un mouchoir de poche, incarcéré entre des murs trop hauts.
Résister, c'est ne jamais renoncer à guetter le soleil par l'ouverture d'une bouche d'égout.
Résister, c'est être assez têtu pour voir se lever le jour derrière les barbelés.
Résister, c'est ne pas céder à l'obligation de se taire.
Résister, c'est une fierté.
Résister, c'est refuser l'intolérance, l'indifférence et la négation des différences.
Résister, ne renonce jamais.
Résister, n'accepte jamais la tranquillité.
Résister, choisit d'être responsable.
Résister, c'est se tenir debout devant Dieu. Debout et non pas à plat ventre, ni à genoux.
Parce que résister, c'est inventer d'aimer. »

Nous croyons aussi que résister, c'est Espérer, comme à Pâques, qu'après la mort, il y a la résurrection.

Lettre d'Alep n° 30 (le 9 juillet 2017) par frère Georges Sabé

Choisissons de construire la paix !

En ce dimanche 9 juillet 2017, il fait très chaud à Alep. Dans la rue qui longe la communauté, les voitures passent régulièrement comme avant.

Voilà le mot : « COMME AVANT ». Je me rappelle très bien, lors d'un séjour de quatre mois à Bouaké (Côte d'Ivoire), les gens se référaient toujours au temps de « la crise ». Les Alépins emploient aujourd'hui souvent le mot « avant ». Mais, avant quoi ? Avant le début de la guerre à Alep en 2012 ou avant la fin de la guerre, en décembre 2016 ? Il y a toujours un avant, une comparaison, un retour en arrière pour lire l'actualité de notre vie, l'actualité des évènements que nous traversons, l'actualité de la démographie de la ville, l'actualité de l'industrie, l'actualité des services essentiels comme l'eau et l'électricité, l'actualité de la sécurité.

Comparer, évaluer et prédire… Voilà trois termes qui font le tissu des longues discussions que nous entretenons.

De même, il y a actuellement des termes qui reviennent souvent : la reconstruction, l'aménagement des maisons et des boutiques, le retour des déplacés à leurs anciens quartiers et tant d'autres termes qui indiquent que nous cherchons à vivre.

Ces jours-ci sont aussi les jours de grandes décisions de la municipalité de la ville concernant l'amélioration des structures de la ville et le retour à la normale : ouvrir les rues qui étaient fermées ou bloquées, mettre des panneaux de signalisation routière, retirer les baraques qui remplaçaient les boutiques et qui avaient poussé comme des champignons sur les trottoirs et les chaussées durant la guerre ; la municipalité a aménagé des places spéciales où elles peuvent être installées. Profiter de l'énergie solaire pour éclairer tous les ronds-points de la ville. On dirait qu'on veut rattraper le temps perdu par une guerre qui a détruit la ville et en a fait une ville martyre.

Beaucoup de parents attendaient la fin de l'année scolaire (à la mi-mai, en Syrie) ou la fin des examens du brevet ou du baccalauréat (à la mi-juin) ou la fin des examens universitaires (à la mi-juillet) pour retourner dans leur chez-eux dans la partie est de la ville. Ils préfèrent revenir à leur quartier, à leur maison, à ce qu'ils ont été obligés de quitter malgré eux. Et il y a ceux qui ont passé ces années de guerre en Syrie mais pas à Alep. Ceux qui sont allés s'installer à Tartous, à Lattaquié ou dans d'autres villes. Ils sont venus, ils ont vu et beaucoup d'entre eux ont pris la décision de revenir avant septembre, date de l'ouverture des écoles.

Peut-on parler de retour des personnes déplacées ? Peut-on imaginer que ceux, qui ont quitté il y a des années, vont emprunter le chemin du retour ? C'est un vœu. Pour qu'il soit une réalité, il reste beaucoup de chemin à faire.

Alep, c'est aussi l'histoire de réussites, de réalisations, de succès. Je vais partager avec vous quelques-unes :

Deux de nos jeunes ont réussi à l'examen officiel du brevet avec un total de 100 %. Ils ont été reçus par la première dame. Malgré la guerre, malgré les déplacements, malgré tout ce qui entravait une possible réussite, voilà un exemple de jeunes décidés à se surpasser, à aller de l'avant, à réussir leur vie et leurs études.

Mardi 11 juillet, dans la fameuse cathédrale maronite sans toit, démolie pendant la guerre et où avait été célébrée, de nouveau, la messe de Noël 2016, juste quelques jours après la libération d'Alep, dans cette même cathédrale, sera donné un concert de la GRANDE MESSE EN UT MINEUR de Mozart. L'orchestre vient de Damas et la chorale d'Alep. Plus de 70 musiciens redonneront à la ville d'Alep son pouls musical. Comme vous pouvez l'imaginer, notre ville est connue pour sa culture musicale traditionnelle.

Plusieurs dames, parmi celles qui ont suivi la session avancée « de coupe et de couture », ont commencé à rêver leur avenir comme couturières dans des ateliers ou même en ouvrant leur propre atelier.

Cet été est marqué par la publication chez Fayard de *Le journal de Myriam*. Un livre qui décrit la vie de Myriam, fille d'une de nos familles de Jabal Al-Saydé durant la guerre d'Alep. Elle y décrit son école, le déplacement de sa famille, ses peurs et son amitié avec Joudy, sa camarade de classe, son rêve et son avenir. Ce livre a reçu le prix de l'essai de l'Express.

Une autre bonne nouvelle pour cet été 2017, ce sont les camps d'été en dehors de la ville d'Alep. Pour beaucoup de jeunes, ce sera la première occasion de connaître d'autres coins de la Syrie.

Tout ce beau tableau de la réalité de la vie à Alep a son revers : un autre tableau malheureusement plus triste et, pour nous, plus inquiétant. C'est la réalité de la situation psychique et humanitaire des personnes.

Je passe actuellement beaucoup de temps à écouter les doléances des parents face à la dégradation de la situation de leurs enfants, spécialement les adolescents parmi eux. Un grand vide s'installe dans la vie de ces jeunes. Une quête de sens perdu et très difficilement retrouvé. Un besoin de s'évader, d'aller ailleurs. Une violence amplifiée par les caractéristiques de leur âge. Un questionnement sur la vie : Pourquoi vivre ? Pourquoi lutter pour son avenir ? Pourquoi agir, s'investir, quand tout paraît destruction et désespoir ?

Beaucoup de jeunes ont perdu leurs copains, morts durant la guerre ou qui ont quitté définitivement le pays. Ils sentent qu'ils ne sont plus qu'une petite minorité, et le contact avec ceux qui ont émigré les fait-il rêver d'un paradis terrestre ?

Plusieurs industriels ou propriétaires d'ateliers cherchent des ouvriers pour relancer leurs projets et ils sont confrontés au manque de main-d'œuvre qualifiée.

La cherté de vie, la hausse des prix et la diminution du pouvoir d'achat font que les Maristes Bleus continuent à soutenir les familles par une distribution régulière, mensuelle de paniers alimentaires et sanitaires.

Il est vrai que plusieurs voix s'élèvent pour demander que l'on cesse de distribuer des paniers alimentaires pour obliger les gens à normaliser leur vie, mais nous remarquons que la misère est plus grande et les besoins élémentaires immenses : un loyer pour ceux qui ne sont pas propriétaires, un réservoir d'eau, des habits, des chaussures, un peu de viande, de l'eau et la scolarité des enfants et des étudiants universitaires, le lait pour les nourrissons, etc.

En janvier dernier, Caritas Pologne a lancé un programme de six mois de parrainage entre des familles polonaises et des familles alépines. En juin, plusieurs familles étaient angoissées de savoir que le programme allait s'arrêter. Heureusement qu'il ne le fut pas. C'est vrai qu'il ne faut pas réduire les familles à un peuple de mendiants, mais les conséquences de la guerre sont terribles et nous ne cessons de découvrir tous les jours des situations dramatiques.

La guerre est-elle finie ? Pas du tout. Il faut être réalistes. Si la ville d'Alep ne subit plus de bombardements, ça ne veut pas dire que la guerre est terminée en Syrie et à Alep. Il reste encore des quartiers limitrophes de la ville qui subissent quotidiennement des bombardements de la part des groupes armés. Il reste de grandes menaces locales, régionales et internationales.

Comme nous l'avons fait durant des années, nous gardons l'espoir que les efforts diplomatiques et les changements de position de certaines puissances mondiales aideront à instaurer la paix dans notre chère Syrie.

Au milieu de tout cela, tous nos projets continuent, car nous croyons que, même si les bombes se sont arrêtées, ce sont plein de problèmes explosifs à l'intérieur de chaque homme, de chaque femme et de chaque enfant qui attendent pour faire sauter l'avenir.

Les monitrices des projets « Apprendre À Grandir » et « Je veux Apprendre » sont en train de préparer notre propre programme éducatif. Elles y travaillent avec acharnement. Nous espérons que pour la rentrée scolaire 2017-2018, nous aurons un programme adapté à la réalité de nos enfants.

Comme l'année passée, nous avons lancé le « Club d'été ». Il s'agit d'un club gratuit où parents et enfants peuvent profiter d'un espace pour respirer, se rencontrer et faire jouer les enfants. Cette année, les jeunes de « Skill School » ont organisé des activités pour les deux jours de la fête du *Fitr*. Une initiative appréciée par tous.

D'ailleurs, ces mêmes jeunes de « Skill School » ont, dans leur programme d'été, des initiatives de solidarité. Nous voulons qu'ils passent par ces expériences vitales pour construire un monde plus juste.

Les différents programmes d'alphabétisation et d'apprentissage de langues termineront prochainement leurs sessions de deux mois. Il faut avouer que les instituteurs comme les apprenants ont été courageux. Il a fait plus de 40° certains jours et malgré cela, ils n'ont pas manqué d'un jour !

Nous avons terminé, pour cette année, les cycles de formation du MIT. Déjà, septembre s'annonce avec un programme varié et chargé. L'équipe d'animation n'a pas arrêté de prévoir des sessions qui s'adaptent aux attentes des jeunes et aux besoins actuels de la ville.

Nous croyons que l'éducation reste le seul chemin vers la paix ! Celle-ci se construira à partir d'une éducation qui respecte l'autre différent, l'autre tel qu'il est, l'autre qui deviendra mon frère !

Cet été, et en collaboration avec le patriarcat grec orthodoxe et durant tout le mois de juin, nous avons assuré l'eau à plusieurs quartiers de la partie est de la ville. C'est une expérience de grande réussite. L'évaluation des 4 jeunes qui ont servi dans ce projet est très positive.

Nous n'avons pas manqué aussi de servir les autres familles des quartiers ouest qui ont manqué d'eau. Depuis deux jours seulement, nous pouvons parler d'une certaine normalisation de la distribution de l'eau dans toute la ville.

La situation de l'électricité s'est nettement améliorée ces derniers jours. En moyenne, elle est distribuée quatre heures par jour. C'est un exploit ! Pourvu que ça dure.

Dans une de mes interventions, lors de mon passage à Paris, je disais : « On ne peut rester dans son confort quand, en face de nous, nous avons des appels de détresse. Si la Syrie est mondialement connue pour sa guerre, elle est avant tout un lieu où l'humain est touché au fond de lui-même. L'homme, la femme, l'enfant, l'adulte, la personne âgée, chacun est touché au fond de lui-même. Dans le monde où nous vivons, l'important est de ne pas oublier qu'il y a une personne humaine à laquelle je suis liée, à laquelle notre destin est lié, à laquelle notre avenir est lié. Soit nous choisissons ensemble de construire un monde de paix, soit nous allons tous, tous sans exception, perdre notre dignité humaine. »

Je vous souhaite de bonnes vacances.

Lettre d'Alep n° 31 (le 24 septembre 2017) par Nabil ANTAKI

Ni guerre ni paix

C'est ainsi que je peux qualifier la situation actuelle de la Syrie en ce mois de septembre 2017, 6 ans et demi après le début des évènements qui ont causé la mort de plus de 350 000 personnes, détruit une grande partie du pays, déplacé le tiers de la population, poussé à l'exil plus de 3 millions de personnes, anéanti les rêves et l'avenir des jeunes et de plusieurs générations de Syriens.

Actuellement, toutes les parties (gouvernement syrien et puissances mondiales) n'ont qu'un seul objectif : l'éradication de Daech en Syrie après l'avoir vaincu en Irak. Les derniers bastions de Daech sont deux villes de l'Est : Raqqa, capitale autoproclamée de Daech en Syrie et Deir ez-Zor où la moitié de la ville, ses habitants et sa garnison étaient encerclés par les djihadistes depuis plus de trois ans et ravitaillés par voie aérienne. La 1re est à moitié libérée par des troupes kurdes appuyées par les USA. La 2e est sur le point de l'être, l'armée syrienne, malgré de lourdes pertes, a pu libérer les villes et villages de la province de Deir ez-Zor et a brisé le siège de la ville en faisant la jonction avec les habitants encerclés. Les Syriens des autres villes syriennes ont, prématurément, manifesté leur joie à la libération de Deir ez-Zor qui ne l'est pas encore totalement. Néanmoins, quand Daech sera définitivement battu dans ces 2 villes et les villages environnants, ce sera sa fin en Syrie.

Dans le reste de la Syrie, c'est le « ni guerre ni paix ». Sous l'égide de la Russie et de la Turquie et de l'Iran, à Astana où se déroulent les négociations entre les parties depuis plusieurs mois, plusieurs accords d'évacuation des rebelles des enclaves qu'ils occupaient dans diverses régions ont été conclus et ont permis leur transport vers la province d'Idlib, bastion de al-Nosra. De plus, plusieurs accords de désescalade ont permis de geler les combats et la situation dans plusieurs régions : l'est de Damas, Homs, Idlib…

Les Syriens, tout en se félicitant de l'arrêt des combats ici et là, appréhendent toutefois que le gel de la situation ne s'éternise et ne débouche sur un chaos prolongé, une partition ou un partage de zones d'influence, si ce gel n'est pas accompagné de progrès significatifs dans les négociations pour parvenir à un règlement politique du conflit.

Ce qui nous rend un peu optimistes, c'est le fait que la plupart des gouvernements arabes, occidentaux et turc, qui ont dès le début soutenu, financé et même armé les rebelles, pour la plupart terroristes, ont finalement compris que le gouvernement syrien ne sera pas renversé par les armes, comme ils le pensaient et souhaitaient, et qu'une solution politique ne peut exister que par le maintien du président, largement soutenu par la population, l'armée syrienne et l'allié russe. D'où les diverses déclarations des leaders du monde occidental indiquant que leur priorité est de combattre Daech et le terrorisme – ce que le gouvernement syrien n'a cessé de répéter depuis six ans – et non la chute du régime.

À Alep, la situation, à tous les niveaux, s'est nettement améliorée depuis fin 2016, date de l'évacuation des derniers terroristes vers Idlib et de la libération de la ville. Comme avant juillet 2012, il n'y a plus d'Alep-Est et Alep-Ouest mais une seule ville, Alep, plusieurs fois millénaire. Quelques quartiers d'Alep, ceux qui sont le plus à l'ouest, continuent, malheureusement, à recevoir tous les jours des obus de mortiers lancés par les rebelles installés à 10 km de la ville du côté d'Idlib.

Mais l'immense majorité des quartiers sont sûrs et les Alépins circulent et vivent sans la crainte d'un obus de mortier ou la balle d'un sniper. Un étranger, qui aurait suivi les évènements et le martyr d'Alep, s'il venait maintenant nous visiter, serait étonné par la densité de la circulation ; l'illumination des carrefours ; les cafés toujours bondés les routes, déblayées, toutes ouvertes à la circulation ; les jardins publics pleins d'enfants qui jouent ; les bus de ramassage scolaire en activité ; les trottoirs débarrassés des milliers de baraques qui faisaient fonction de boutique et par la réouverture de beaucoup de commerces fermés pendant la guerre. L'eau courante nous est, de nouveau, fournie, au moins deux jours par semaine et l'électricité entre 12 et 15 heures par jour.

Toutefois, le tableau n'est pas aussi rose que cela. Cette situation de « ni guerre ni paix » n'encourage pas les centaines de milliers d'Alépins, réfugiés ou déplacés, à revenir. L'IOM (organisation internationale de la migration) a déclaré récemment que 600 000 personnes, dont la majorité de la province d'Alep, ont regagné leur domicile. Ceci est à nuancer parce que la majorité de ces personnes étaient des déplacées internes qui avaient déménagé vers un autre quartier de la ville ou vers une autre ville syrienne. Cette situation n'aide pas non plus à la reconstruction – pourquoi reconstruire s'il n'y a pas de paix ? –, ni à une reprise économique, les investisseurs étant dans l'expectative. Le coût de la vie et le chômage sont toujours très élevés, ainsi que la pauvreté. La majorité des familles alépines ont encore besoin d'aide pour survivre.

Face à cette situation et à ces nouveaux développements, nous, les Maristes Bleus, voulons privilégier la reconstruction, mettre l'accent sur le développement humain et travailler pour bâtir l'avenir des Syriens et de la Syrie. Dès le début du conflit, aux pires moments de la guerre à Alep, quand les programmes de secours accaparaient nos moyens humains et matériels, nous avions maintenu nos projets pédagogiques et en avions initié de nouveaux. Et maintenant, tout en poursuivant nos projets de secours, nous avons décidé de renforcer nos programmes de développement humain. Nous croyons fermement que développer l'humain contribue à l'installation de la paix et à préparer l'avenir. Nous n'allons toutefois pas arrêter nos programmes de secours, les gens en ont toujours besoin.

C'est ainsi que nous avons démarré un nouveau projet que nous avons appelé « JOB », job pour boulot en anglais et Job pour le prophète célèbre pour sa patience, qualité nécessaire à la réussite de notre projet. Il s'agit de trouver un emploi pour nos jeunes, de favoriser la création de petits projets et d'inciter à la formation professionnelle ; ceci, pour rendre les familles financièrement indépendantes des aides reçues pendant plus de cinq ans et qui devraient normalement s'arrêter un jour prochain, pour encourager les jeunes à rester au pays et enfin, pour participer à la reconstruction de la Syrie. Une équipe de bénévoles est en charge du projet. Elle établit des listes d'offres et de demandes d'emploi et fait la connexion entre les deux. Elle aide des jeunes à penser et réaliser leurs propres projets de travail et les soutient financièrement. Elle forme d'autres jeunes à des métiers en les envoyant à nos frais à des centres d'apprentissage et finalement, elle crée des ateliers de production pour créer des emplois tout en garantissant la rentabilité de l'affaire. C'est ainsi que nous allons bientôt démarrer un atelier de recyclage de vêtements usagés qui va fournir du travail à une dizaine de femmes.

Notre centre de formation pour adultes, le « MIT », qui a été inauguré fin 2013, a fêté ses 4 années d'existence il y a deux semaines par une rencontre à laquelle nous avions convié tous les responsables des associations caritatives et de développement d'Alep. En quatre ans, nous avons organisé 77 workshops de trois jours chacun auxquels ont participé 1 404 personnes dirigées par 28 moniteurs. De plus, nous avons organisé 2 sessions longues de 100 heures pour enseigner à 35 jeunes adultes « comment entreprendre son propre projet ». Nous avons aidé financièrement les 6 meilleurs projets en termes de faisabilité et de création d'emploi. Nous poursuivrons ces sessions longues sur le même thème afin de donner au maximum de jeunes la chance d'apprendre à créer leur propre business et au besoin, nous les financerons.

En partenariat avec l'UNDP (le programme des Nations-Unis pour le développement), nous allons ouvrir un atelier de confection de vêtements pour bébé et enfants qui va fournir du travail à 24 personnes, atelier dirigé par un Mariste Bleu. Nous allons, aussi, diriger pendant deux mois, à la demande de l'UNDP, 3 projets dans le but de renouer les liens, peut-être tendus et parfois brisés par la guerre, entre les différentes parties de la population d'Alep, de cicatriser les blessures et de réparer le tissu social de la Syrie de demain.

Tous les autres projets pédagogiques continuent. Les deux projets pour les petits de 3 à 6 ans, « Apprendre À Grandir » et « Je veux Apprendre » reprennent leurs activités avec les enfants le 2 octobre après que les 24 monitrices aient passé tout l'été à créer nos propres programmes éducatifs. L'équipe de « Skill School » pour les adolescents a travaillé d'arrache-pied pour préparer le programme de l'année. « Coupe et couture » continue avec les épouses, mères et jeunes filles, « Lutte contre l'illettrisme », « Hope » et « Douroub » redémarrent leurs activités bientôt.

Nous essayons par tous ces programmes de développer les personnes, de préparer leur avenir et de leur donner des outils pour avoir une activité professionnelle qui leur permettra de vivre.

Nos programmes de secours continuent. Nous estimons, après de profondes réflexions et un dialogue au sein de notre équipe, que l'aide à la population est toujours nécessaire et que le moment de baisser le volume de notre aide ou de l'arrêter n'est pas encore arrivé. D'autant plus que beaucoup de nos familles sont nouvellement sans ressources, le mari ayant été appelé sous les drapeaux comme réserviste.

Nous continuons à distribuer chaque mois des paniers alimentaires et sanitaires à environ 1 000 familles. Nous aidons les familles déplacées à payer le loyer de leurs logements, nous distribuons l'eau à ceux qui en ont besoin. À la rentrée scolaire, nous avons donné à tous les enfants de nos familles des coupons d'achat de fournitures scolaires. Notre programme « Goutte de lait » est à son 29e mois de distribution de lait aux enfants de moins de 10 ans.

Quant à nos deux programmes médicaux, nous sommes heureux de vous annoncer que le projet « Civils blessés de guerre » est, grâce à Dieu, au ralenti vu le nombre minime de blessés par actes de guerre à Alep depuis sa libération. Par contre, notre programme médical d'aide aux personnes malades, incapables financièrement de se soigner ou de se faire opérer, prend une très grande ampleur, vu le nombre de personnes dans le besoin.

En été, nous avons organisé, dans nos locaux, un « Club d'été » où les familles et leurs enfants venaient les après-midi se relaxer, jouer et passer des moments agréables en sirotant un café ou une boisson gazeuse en compagnie de leurs amis.

Durant ces six dernières années, nous sommes passés par des périodes différentes que nous avons eues à gérer par des moyens différents. La situation actuelle de « ni guerre ni paix » est une des plus difficiles parce que nos réponses à la situation ne sont pas évidentes. Elle exige de nous une réflexion permanente et une adaptation aux nouveaux besoins et de nos familles bénéficiaires une rééducation à la paix tant souhaitée. Nous voulons semer l'Espérance chez les gens et la voir s'épanouir dans la confiance, la sérénité et l'amour.

Les « Frères Maristes », nos partenaires au sein des Maristes Bleus et dont nous partageons le charisme et la spiritualité, tiennent en ce moment en Colombie leur 22e chapitre général durant lequel les frères capitulants vont définir les orientations de la congrégation pour les années à venir et élire une nouvelle équipe dirigeante. Le choix de la Colombie pour tenir le chapitre, alors qu'il se tient toujours à la maison générale à Rome, est assez significatif de la volonté de la congrégation de s'ouvrir vers « de nouveaux horizons » et pour souligner la paix qui se prépare dans ce pays, victime d'une guerre qui s'y déroule depuis des décennies.

Nous aussi, les Maristes Bleus, nous rêvons d'aller vers de nouveaux horizons, vers un nouveau commencement d'une période à construire, à bâtir dans le vivre ensemble, la concorde, la citoyenneté responsable et la Paix.

« Ni guerre ni paix » était le titre de cette lettre d'Alep n° 31. Puisse la 32e dans 3 mois vous dire : ni guerre mais véritable paix.

Épilogue

En relisant nos lettres de 2012 jusqu'à aujourd'hui, se déroulent devant mes yeux beaucoup d'évènements et de nombreuses personnes. Chaque évènement a marqué notre ville Alep, ses habitants, son passé et son avenir.

Certaines familles nous ont quittés, dispersées dans les quatre coins du monde, certaines déplacées, d'autres réfugiées. Peu de familles sont restées sur place.

Nous aurions pu écrire des pages et des pages, racontant le drame humain causé par cette guerre que nous avons subie.

On a voulu la présenter comme un « printemps ». Un printemps qui s'est révélé destructeur, un printemps qui a emporté les jeunes et les vieux, un printemps qui a envahi le sommeil des enfants par des cauchemars, un printemps de division et de haine.

Maintenant que nous ne sommes plus sous les bombes, nous avons découvert l'ampleur du drame. Nous avons traversé les lignes de démarcation. Nous continuons à être des témoins vivants dans cette ville meurtrie que nous ne voulons pas abandonner.

Maintenant, il faut penser à reconstruire… Reconstruire l'homme… tout homme et tout l'homme. La guerre a passé par l'homme, par son corps, par sa conduite, par son esprit, par sa foi… Elle a traversé tout l'homme. Elle a laissé des questions. Elle a laissé des réactions, elle a laissé des situations psychologiques, humaines, relationnelles et économiques qu'il faut soutenir.

Reconstruire aussi, une ville, une histoire, une culture, des racines qui s'étendent dans le temps…

Nous voulons nous demander avec vous, chers lecteurs : « Pourquoi les hommes se battent-ils, s'entre-tuent-ils, se font-ils la guerre ? Qui sont les gagnants, les perdants ? Pourquoi l'humanité ne peut-elle pas vivre en paix ? »

Nous voulons partager avec vous un texte qui reflète notre choix, celui de demeurer, en faisant le bien et en annonçant l'espérance.

Demeurer

« *ÉLARGIS L'ESPACE DE TA TENTE.* »

Is. : 54,2

Il est un temps pour demeurer !

En 2012, j'écrivais Alep, la ville des adieux…

Nous avons choisi de demeurer, de rester, de résister.

Nous avons choisi de nous lever, de marcher, d'aller vers…

Nous avons choisi de dire Non à la guerre ! Non à la violence ! Non à la mort !

Demeurer dans Alep, non pas pour être des héros ou des super-héros !

Demeurer dans Alep parce que Alep est une racine, une terre, une histoire !

Demeurer dans Alep parce que Alep ne peut être une ville divisée, séparée par un mur de haine !

Demeurer dans Alep parce que Alep est une relation à l'autre tout l'autre si différent de moi et si proche !

Demeurer dans Alep pour ouvrir son cœur et en faire une demeure !

Une demeure qui ne juge pas, qui ne condamne pas, qui ne cloisonne pas !

Demeurer dans Alep, pour bouger, aller vers l'autre, l'écouter, lui tendre une main, le transformer en histoire sacrée !

Demeurer dans Alep, pour se désinstaller, ouvrir sa maison, accueillir l'autre, et faire de nos vies une oasis…

Demeurer dans Alep, pour servir, inventer un autre chemin, être solidaires !

Demeurer dans Alep, pour bouger notre propre vie, la transformer en route, en une croisée de chemins !

Demeurer dans Alep, pour partager un pain, un pain de vie, un pain d'amour !

Demeurer dans Alep, pour faire de notre vie un chant d'amour qui ne finit pas !

Frère Georges SABÉ

Annexe

Les « Frères Maristes »

Le 2 janvier 1817, le prêtre Marcellin Champagnat fondait, à La Valla, près de Saint-Étienne (France), la Congrégation des Petits Frères de Marie, connue sous le nom de « Frères Maristes » des Écoles. Le 2 janvier de cette année, les Maristes, frères et laïcs, ont célébré le bicentenaire de leur fondation.

Marcellin est né en 1789, l'année de la Révolution française, à Marlhes. Sa formation intellectuelle s'avère très laborieuse par manque de maîtres compétents. Il quitte très vite l'école du village pour se consacrer au travail de la ferme familiale. Répondant à l'appel de Dieu qui l'invite à devenir prêtre, il fréquente le petit séminaire de Verrières, puis le grand séminaire de Lyon. Au lendemain de son ordination sacerdotale le 22 juillet 1816, avec onze autres prêtres ordonnés avec lui, il se rend à Notre-Dame de Fourvière à Lyon. Là, les douze, guidés par leur désir de fonder la société de Marie, font le vœu de « se vouer complètement pour sauver les âmes sous les auspices de la Vierge Marie ».

Marcellin est nommé vicaire à La Valla. Il constate la misère de la campagne et l'ignorance des jeunes et des enfants, surtout sur le plan religieux. Son intuition de départ se renforce. « Il nous faut des frères qui se consacrent à l'éducation des enfants », disait-il. Le 2 janvier 1817, Marcellin réunit ses deux premiers disciples. D'autres suivent bientôt. La Valla devient ainsi le berceau des

« Frères Maristes ». Une merveilleuse aventure spirituelle et éducative commence dans la pauvreté, la confiance en Dieu et en Marie, avec comme devise : « Tout à Jésus par Marie, tout à Marie pour Jésus ».

Les premiers frères sont de jeunes ruraux, pour la plupart âgés de 15 à 18 ans, plus habitués aux durs travaux de la terre qu'à la contemplation, à la réflexion intellectuelle et à l'éducation des enfants. Marcellin communique à ces jeunes gens son enthousiasme éducatif et apostolique ; il vit au milieu d'eux comme l'un d'entre eux. Il leur apprend à lire, à écrire et à compter, mais aussi à prier et à vivre l'Évangile dans la vie quotidienne, à devenir des instituteurs et des religieux éducateurs.

Pour ses frères, il choisit trois vertus : l'humilité, la simplicité et la modestie.

Il disait : « Je ne puis voir un enfant sans lui dire combien Dieu l'aime ». Et à ses frères, il répétait : « Pour éduquer les enfants, il faut les aimer et les aimer tous également », « Enseignez par le bon exemple ; soyez des témoins plutôt que des maîtres », « Il nous faut des frères, pas des enseignants, pas des catéchistes, mais des frères qui vivent avec les jeunes ».

Quand il meurt, âgé de 51 ans en 1840, sa congrégation compte 290 frères enseignant dans 48 écoles primaires.

Les « Frères Maristes » sont actuellement plus de 3 500, présents dans 81 pays sur les 5 continents. Ils ont pour mission l'éducation des jeunes, surtout les plus défavorisés.

Les « Frères Maristes » à Alep

Trois Frères français sont arrivés à Alep en 1904 à la demande de l'évêque arménien catholique pour diriger l'école du diocèse. De 1904 à 1932, ils ont enseigné et dirigé plusieurs écoles en collaboration avec les Arméniens catholiques, les Melkites et les jésuites. En 1932, les « Frères Maristes » fondent leur propre école à Alep, le Collège Champagnat, qui fonctionne jusqu'en 1967, date de la saisie de toutes les écoles catholiques et privées de Syrie par le gouvernement. Le Collège Champagnat était le meilleur en Syrie, toute l'élite chrétienne et musulmane de l'époque y a fait ses études. Les riches et les pauvres se côtoient, les derniers étaient acceptés même quand leurs parents ne pouvaient pas payer les frais de scolarité. Les meilleurs professeurs enseignaient là et les frères avaient pour mission de former « de bons chrétiens et de vertueux citoyens ».

Après Vatican 2, les mentalités changent. Les « Frères Maristes » sont des pionniers dans la collaboration avec les laïcs. Ils partagent avec eux le trésor de leur spiritualité pour en faire des partenaires dans la mission. Celle-ci se poursuit à Alep dans un cadre non scolaire. L'éducation des jeunes se faisait désormais dans les groupes scouts, groupe de jeunes, retraite et catéchèse. Dans les années 80 du siècle dernier, leurs chapitres généraux fixaient aux frères de nouveaux horizons : aller vers les frontières, les exclus, les marginalisés et les plus défavorisés. C'est ainsi que des laïcs maristes et les frères commencent une mission de solidarité avec les plus pauvres de la ville dans le cadre de « L'Oreille de Dieu », leur association nouvellement créée. De 1986 à 2012, « L'Oreille de Dieu », frères, laïcs et des dizaines de jeunes bénévoles, se consacre au secours des plus pauvres chrétiens d'Alep et à l'éducation de leurs enfants.

En juillet 2012, la guerre, qui sévissait en Syrie depuis mars 2011, atteint Alep quand les rebelles prennent le contrôle de certains quartiers de la ville et poussent des centaines de milliers de personnes à quitter leur domicile et à se réfugier dans les zones gouvernementales. L'économie s'effondre, le chômage atteint des sommets et la pauvreté touche la plupart des familles.

« L'Oreille de Dieu » devient « les Maristes Bleus » : deux frères et 8 laïcs la dirigent et avec environ 85 bénévoles ; ils lancent, en quatre ans et demi, cinq programmes d'aide et de secours et huit programmes pédagogiques : loger, nourrir, soigner et accompagner les familles déplacées et les plus démunies, d'une part ; éduquer, instruire, offrir un support psychologique aux petits, aux adolescents et aux jeunes adultes, d'autre part. Des milliers de personnes bénéficient, et continuent de l'être, de l'aide des Maristes Bleus. Leur devise est « Vivre la solidarité avec les plus démunis pour soulager les souffrances, développer l'Homme et semer l'Espérance ». Ils se préparent à l'après-guerre, à la réconciliation, à la reconstruction, non pas tant des bâtiments et de l'infrastructure, ce qui n'est pas de leur domaine, mais la reconstruction de l'Homme, des jeunes, des petits, de toutes ces générations traumatisées par la guerre et privées d'instruction, d'éducation et de support psychologique. Les Maristes Bleus veulent aussi aider les chrétiens de Syrie et d'Alep, les premiers chrétiens du monde, à vouloir et à pouvoir continuer à vivre dans leur pays, la Syrie, berceau du christianisme.

Table des matières

Monde arabe – Maghreb – Moyen-Orient

aux éditions L'Harmattan

Dernières parutions

L'ALGÉRIE EN MUSIQUE
Bestandji Taoufik - Préface d'Ahmed Benzelikha
Malgré l'intérêt qu'elles suscitent auprès du public et quelques écrits partiels et dispersés, les publications sur les musiques algériennes restent rares. Le répertoire est immense et multiple, et les Algériens eux-mêmes en ignorent souvent l'étendue. Ce champ musical va bien au-delà du simple divertissement et offre un vaste domaine de recherche qui ne demande qu'à livrer ses secrets. Fait à partir de notices de disques, cet ouvrage aborde tous les styles de musique d'Algérie.
(14.50 euros, 132 p.)
ISBN : 978-2-343-13494-9, ISBN EBOOK : 978-2-14-005292-7

LA PSYCHOTHÉRAPIE PSYCHANALYTIQUE EN ALGÉRIE
Névrose individuelle et névrose collective
Recueil de textes publiés entre 1993 et 2003
Si Moussi Abderrahmane, Ourari-Si Moussi Mira
Préface de Roger Perron
Cet ouvrage regroupe un ensemble de textes pensés et écrits à proximité de la décennie du terrorisme. Ils constituent un témoignage précieux d'une époque et de la construction de la réflexion sur la psychopathologie et la psychothérapie en Algérie. L'ouvrage montre que la névrose individuelle se double d'une névrose collective, dans une société marquée par l'interdit et la répression. À l'inverse, la période actuelle se caractérise par un net recul de la névrose, de la pensée, au profit d'une crispation générale dans un mimétisme religieux.
(Coll. Études Psychanalytiques, 37.50 euros, 370 p.)
ISBN : 978-2-343-13553-3, ISBN EBOOK : 978-2-14-005349-8

LES FEMMES DÉTENUES EN ALGÉRIE
Trajectoires et stratégies identitaires
Revue Internationale d'Anthropologie Cognitive 4
Mouzaoui-Koudjil Fadhila
Quel sens les acteurs (prisonniers et personnel pénitentiaire) confèrent aux notions de peine et de réinsertion ainsi que sur les moyens mis en œuvre pour atteindre cet objectif. Les femmes incarcérées arrivent souvent dans des situations de précarité sociale et sanitaires importantes, comme population déjà marquée par une forte stigmatisation. L'auteure a mené des entretiens dans des établissements

pénitentiaires afin de mettre en évidence la trajectoire de réinsertion, les stratégies identitaires, les profils de détenues.
(Coédition Maison des Sciences de L'Homme - Université de Tlemcen, Harmattan Algérie, 31.50 euros, 312 p.) ISBN : 978-2-343-13614-1, ISBN EBOOK : 978-2-14-005379-5

MÉMORANDUM POUR LE DROIT À L'AUTODÉTERMINATION DE LA KABYLIE
Gouvernement Provisoire Kabyle
Kabylie, le 27 avril 2001. Avant de succomber aux balles qui l'ont déchiqueté, Kamel Irchene, un manifestant kabyle, eut le temps de signer de son sang, sur un mur, le mot «Liberté». Au Printemps noir, la Kabylie a subi une répression sauvage qui a fait pas moins de 130 morts. Elle réalise, désemparée, qu'elle n'a jamais été considérée comme étant algérienne. C'est ainsi que le droit à l'autodétermination, autrement dit à l'indépendance, est devenu, de nos jours, l'aspiration la plus partagée par le peuple kabyle.
(29.00 euros, 360 p.)
ISBN : 978-2-343-13581-6, ISBN EBOOK : 978-2-14-005316-0

L'ISLAM POLITIQUE À L'ÈRE DU POST-PRINTEMPS ARABE
Sommes-nous entrés dans l'ère du nécro-islamisme ?
Saleh Wael, Brodeur Patrice
Dans quelle mesure peut-on dire que les islamistes, de plus en plus remis en question, se radicalisent ou se désislamisent suite aux multiples retombées du «printemps arabe» ? Ce livre essaie de répondre à cette question en proposant une nouvelle approche (islamologie appliquée) et une nouvelle typologie tripartite de l'islamisme (rétro-islamisme, néo-islamisme et nécro-islamisme) pour mieux comprendre ses dynamiques, ses enjeux et son avenir.
(Coll. Etudes post-printemps arabe, 25.50 euros, 244 p.)
ISBN : 978-2-343-13669-1, ISBN EBOOK : 978-2-14-005338-2

L'ODYSSÉE DES CHRÉTIENS DE MÉSOPOTAMIE
Yousif Ephrem-Isa
L'auteur remonte les siècles pour nous relater l'histoire des chrétiens de Mésopotamie. Sous les Sassanides, boucs émissaires entre les Empires romain et perse, les chrétiens subirent de terribles persécutions. Avec les Abassides, le statut de *dhimmi*, accordé après la Conquête musulmane, fut plus supportable. Au XVe siècle, ils passèrent sous le joug des Ottomans et furent répartis en «millet», communautés religieuses légalement protégées. Après la tragédie de la Première Guerre mondiale, ils continuent à subir les conséquences de l'intervention américaine contre l'Irak en 2003 et la montée de l'islamisme radical aujourd'hui.
(Coll. Peuples et cultures de l'Orient, 22.50 euros, 224 p.)
ISBN : 978-2-343-13453-6, ISBN EBOOK : 978-2-14-005268-2

DE GAZA À JÉNINE (3e édition)
Tant que la guerre durera
Le Nen Dominique - Préface d'Alain Gresh ; postface d'Irène Frachon
Gaza, mars 2002, première mission humanitaire en Palestine. En pleine seconde Intifada, la répression est terrible. Jénine, septembre 2017, un «calme» fragile

s'est installé. Entre ces deux dates, l'auteur a accompli de nombreuses missions chirurgicales et travaillé auprès des populations, en particulier des enfants. Il propose dans cette troisième édition une immersion dans un tourbillon d'évènements.
(Coll. Comprendre le Moyen-Orient, 22.50 euros, 222 p.)
ISBN : 978-2-343-13677-6, ISBN EBOOK : 978-2-14-005403-7

LA PROMOTION DES DROITS HUMAINS EN ALGÉRIE
Chauvenet Antoinette, Cherfi Faïza, Michaud Marie-Claire
La politique des droits humains menée en Algérie par l'ONG CISP (Comité International pour le Développement des peuples) repose sur le tissage des liens de proximité entre les familles frappées par les violences (séismes, violences politiques) et les professionnels concernés réunis autour de la «Clinique de Concertation» associée à la mobilisation de leurs droits civils et humains. Elle conjugue plusieurs modes d'action, formations, transmission de savoir-faire, publications, interventions publiques.
(Coll. Histoire et perspectives méditerranéennes, 36.00 euros, 348 p.)
ISBN : 978-2-343-13354-6, ISBN EBOOK : 978-2-14-005125-8

LE MELHÛN MAROCAIN ET LE PARADOXE DE L'AMOUR
Cas de Sidi Qaddour al-Alami
Haboudane Omar
Sidi Qaddour al-Alami (1742-1850) vécut à Meknès. Dans son chef-d'œuvre, l'amour est envisagé sous deux formes : divine et naturelle ou physique, mais sans que l'on puisse reconnaître la deuxième qui est mise en quarantaine. Selon les hagiographes marocains, Sidi Qaddour al-Alami était un saint véritable qui tournait le dos à toute sorte de volupté. Mais sa poésie bachique et érotique est surprenante et l'idée selon laquelle ce poète était un analphabète et illettré invite à la réflexion.
(Coll. De A à Z, 32.00 euros, 312 p.)
ISBN : 978-2-343-12650-0, ISBN EBOOK : 978-2-14-005161-6

RESPONSABILITÉ DES ACTEURS DE LA GESTION PUBLIQUE DEVANT LA COUR DES COMPTES
Le modèle marocain
Berraou Mohammed - Préface de Xavier Vandendriessche
Présentation de Mohammed Amine Benabdallah
Voici une étude didactique, analytique et souvent critique de la responsabilité des acteurs de la gestion publique devant la cour des comptes au Maroc. Grâce à la compétence technique de l'auteur, voici restituée l'étude de la juridiction financière dans le contexte d'une démocratie moderne en construction.
(Coll. Logiques Juridiques, 45.00 euros, 450 p.)
ISBN : 978-2-343-12618-0, ISBN EBOOK : 978-2-14-005110-4

L'ÉTAT ISLAMIQUE
Le Califat de Daech
Onkoant Arthur
Cet essai est analysé sous le prisme de deux angles, qui définissent ici le choix entre la notion de Dieu, invention la plus noble de l'esprit humain d'une part, et la

notion de religion, expression d'une foi solide sur la construction des civilisations, d'autre part.
(Harmattan Cameroun, 28.00 euros, 280 p.)
ISBN : 978-2-343-13009-5, ISBN EBOOK : 978-2-14-005071-8

FORTERESSES DE LA ROUTE DE LA SOIE
De l'Hindou Kouch à la Méditerranée
Trilingue français-anglais-persan (relié)
Jean-Claude Voisin
Cet ouvrage, principalement constitué de photos couleur, aborde à travers les forteresses le contrôle et la protection tant des populations installées le long des axes du grand commerce que des usagers de ces itinéraires. Les anciens axes de transit de toute cette zone du Proche et du Moyen-Orient, de la frontières afghano-pakistanaise aux rivages de la Méditerranée, sont jalonnés de très nombreux sites fortifiés. Depuis 20 ans, l'auteur parcourt ces axes et a pu observer quelles influences réciproques les mouvements d'hommes de toutes conditions et de toutes professions entre l'Orient et l'Occident ont pu avoir sur cet habitat spécifique que constituent les architectures fortifiées.
(Coll. L'Iran en transition, 39.00 euros, 418 p.)
ISBN : 978-600-152-231-4, ISBN EBOOK : 978-2-14-005024-4

LIBAN, SYRIE, ISRAËL (1991-2000)
Les négociations illusoires
Nader Amal - Préface de Michael Palmer
L'objectif de cet ouvrage est d'étudier les négociations de paix entre le Liban, la Syrie et Israël de 1991 à 2000, période sensible de l'histoire contemporaine libanaise, marquée par une forte influence politique syrienne sur le pays, et intervalle stratégique quant au processus de paix lancé entre Israël et les pays arabes. À l'heure d'un grand bouleversement de cette zone depuis le déclenchement des printemps arabes, ce livre évoque l'histoire tourmentée de la région en analysant l'évolution des discours politiques et journalistiques de cette décennie.
(Coll. Comprendre le Moyen-Orient, 28.50 euros, 276 p.)
ISBN : 978-2-343-13053-8, ISBN EBOOK : 978-2-14-005092-3

DEUX CENTS LOCUTIONS COMPARATIVES DU PERSAN
Kianvach-Kechavarzi Monireh
Ce recueil offre au public francophone deux cents locutions comparatives, usuelles et souvent imagées, de la langue persane. Certaines font allusion aux faits historiques, légendaires ou anecdotiques. À travers ces éléments de langage se dessinent concrètement les liens étroits et constants entre les traditions pré-islamique et islamique (notamment chiite), qui marquent la particularité de la culture persane. Chaque locution est éclairée par un exemple. Un index des noms propres et un index des thèmes permettent une recherche approfondie.
(Coll. L'Iran en transition, 13.50 euros, 116 p.)
ISBN : 978-2-343-13403-1, ISBN EBOOK : 978-2-14-005149-4

L'HARMATTAN ITALIA
Via Degli Artisti 15; 10124 Torino
harmattan.italia@gmail.com

L'HARMATTAN HONGRIE
Könyvesbolt ; Kossuth L. u. 14-16
1053 Budapest

L'HARMATTAN KINSHASA
185, avenue Nyangwe
Commune de Lingwala
Kinshasa, R.D. Congo
(00243) 998697603 ou (00243) 999229662

L'HARMATTAN CONGO
67, av. E. P. Lumumba
Bât. – Congo Pharmacie (Bib. Nat.)
BP2874 Brazzaville
harmattan.congo@yahoo.fr

L'HARMATTAN GUINÉE
Almamya Rue KA 028, en face
du restaurant Le Cèdre
OKB agency BP 3470 Conakry
(00224) 657 20 85 08 / 664 28 91 96
harmattanguinee@yahoo.fr

L'HARMATTAN MALI
Rue 73, Porte 536, Niamakoro,
Cité Unicef, Bamako
Tél. 00 (223) 20205724 / +(223) 76378082
poudiougopaul@yahoo.fr
pp.harmattan@gmail.com

L'HARMATTAN CAMEROUN
TSINGA/FECAFOOT
BP 11486 Yaoundé
699198028/675441949
harmattancam@yahoo.com

L'HARMATTAN CÔTE D'IVOIRE
Résidence Karl / cité des arts
Abidjan-Cocody 03 BP 1588 Abidjan 03
(00225) 05 77 87 31
etien_nda@yahoo.fr

L'HARMATTAN BURKINA
Penou Achille Some
Ouagadougou
(+226) 70 26 88 27

L'HARMATTAN SÉNÉGAL
10 VDN en face Mermoz, après le pont de Fann
BP 45034 Dakar Fann
33 825 98 58 / 33 860 9858
senharmattan@gmail.com / senlibraire@gmail.com
www.harmattansenegal.com